21 世纪通识教育系列教材
21st Century Textbooks of General Education

大学生职业生涯发展与规划

DAXUESHENG ZHIYE SHENGYA FAZHAN YU GUIHUA

张彦忠 ◎ 主编

中国人民大学出版社
· 北京 ·

前言

Preface

为促进大学生职业发展，国内很多高校都把大学生职业生涯规划教育作为一项系统工程，通过职业生涯教育、职业测评、职业咨询、开展职业生涯规划大赛等活动，进行职业生涯规划实践，传播和普及职业生涯规划理论，帮助大学生树立职业生涯发展目标，掌握职业生涯规划的基本步骤与方法，为学生求职择业提供帮助。本书就是在教育部《大学生职业发展与就业指导课程教学要求》的基础上，结合新时期社会经济发展对大学生的要求编写而成。

本书旨在帮助大学生正确认识职业，激发大学生职业生涯发展的自主意识，树立正确的就业观，促使大学生理性地规划自身未来的发展，并努力在学习过程中自觉地提高就业能力和生涯管理能力。通过本课程的学习，大学生应基本了解职业发展的阶段特点；较为清晰地认识自己、职业的特性以及社会环境；掌握自我探索技能、信息搜索与管理技能、生涯决策技能等。

在内容的编写编排上，本书力求突出针对性和可操作性。按照职业生涯规划的逻辑顺序，本书共分为六章，分别为认识职业世界、评估自我、职业生涯发展、职业生涯目标、职业生涯规划和职业生涯管理的内容。在对职业生涯发展与规划有序展开的过程中，加入相关案例、新闻与资料，把真实案例、研究成果和课内课外实践活动融为一体，既能系统地学习相关知识，又能帮助学生树立职业生涯发展的自主意识和能力，最后形成学生个性化的职业生涯规划。

本书由张彦忠担任主编，覃爱平、吴家霆任副主编，具体分工为：张彦忠编写第一、二、四章，覃爱平编写第三、六章，吴家霆编写第五章。张彦忠负责统稿和最后审定。

在编写本书的过程中，编者借鉴和参考了大量国内外相关书籍和教材，在此向这些作者表示敬意和感谢!

大学生职业生涯发展与规划是高校面临的一个新课题，其结构体系和内容在不断构建过程中。由于时间仓促，本书难免存在不足之处，敬请专家和广大读者批评指正，以使本书得到进一步的充实和完善。

目录

Content

第一章 探索职业世界 开启职业航程

核心提示

大学时代既是人生航程的重要转折，也是成就事业的基石。作为大学生，我们在校的学习只是一个职业准备的过程。职业不仅为人们提供生存的基本条件，使每个人拥有丰富多彩的生活，而且也为每个人提供施展才华的舞台，使自身价值有实现的途径。

名人名言

我们，特别是年轻人，应该大胆进取，要去开发自己灿烂多彩的世界，而不要因为长辈和薪金的原因被纳入一条安定的轨辙，失落掉应属于自己的天空。

——唐拉德·希尔顿

职业是富有激情的航程，大学时代既是人生航程的重要转折，也是成就事业的基石。作为大学生，我们在校的学习只是一个职业准备的过程。毕业后我们将从学校走向社会，成为一个职业人。职业不仅为人们提供生存的基本条件，使每个人拥有丰富多彩的生活，而且也为每个人提供施展才华的舞台，使其自身价值有实现的途径。对于站在求职门槛上的大学生，在职业体系中尽快找到适合自己的位置，了解现代职业的分类和特点，把握未来职业的发展趋势是十分必要的。

第一节　探索职业世界

职业，对于现代社会的绝大多数人来说都非常重要，因为它不仅决定了人们经济收入的多少、社会声望的高低、生活质量的好坏，而且直接影响了人们的思维方式、生活方式和社交范围。在当今的社会里，职业的分工多种多样，职业的性质千变万化。这些相互渗透又千差万别的职业组合在一起，形成了一个纷繁复杂的职业体系。进入大学学习的目的是为了获得未来工作所需的各种职业素质和职业能力，找到理想职业，实现人生价值，必须把握职业的含义、功能、特性及演变规律等内容。

一、职业的含义

职业是不同行业和组织中存在的工作性质相似的岗位群。任一种职业都独立存在于行业或组织当中，如会计是一种职业，几乎任何行业和组织都有会计岗位，一般可分为总会计师、会计主管、出纳、稽核、工资核算、成本费用核算、总账、对外财务会计报告编制以及档案管理等岗位。由于工作对象相同、操作流程和方法相似的若干工作种类或岗位可以看成一种职业，构成职业要素的有以下三个部分。

1. 工作岗位

岗位就是人们从事工作的地方或位置称谓，它是构成职业的最基本要素，职业的其他要素都建立在这个基础上，没有岗位就没有职业。无论是相对于具体的工作内容，还是相对于某一个具体工作者而言，岗位都是具体的，具有非常鲜明的外在表现形式和内涵。如车间主任岗位在车间，班组长岗位在生产班组，医生岗位在门诊室或手术室，秘书岗位在办公室等。无论一个人是从事何种工作，最终都有一个体现这个人活动的载体，就是某某岗位。这些岗位，或者是组织设定的，或者是社会认可的，都具有明确的价值目标，决定着职业的目标归属，并具有相对的稳定性，是组织空间内的一种社会存在。在社会上还有很多类似的工作岗位，共同形成一个岗位系（序）列。

岗位是人们生存、发展和体现个人价值的载体，又是人力资源开发和管理的基础元素。只有将具体的岗位和具体的人有机结合起来，才能体现岗位存在的真正意义，才可能实现个人的人生价值。岗位不是固有的，而是随着社会、经济和技术的发展而发展的。它是从无到有，又从有到无，是动态的、不断发展变化的。

岗位又具有层次性。由于其岗位层次的不同，所要求的技术、能力和职责也是相对不同的，也就是通常所说的职位。与职位相比，岗位更具有工作的属性，职位则包含岗位和头衔两种意义，具有人和工作结合的内涵。岗位是属于组织的，一般为组织的最小单元，是业务流程的节点，直接体现为一组具体的工作，工作不分贵贱，岗位也就不存在高低，岗位是业务流程设计的关键环节。职位则不同，职位不仅包括业务流程和组织管控的节点，还间接体现了人的要求和层次，因此职位有高低之分。如软件设计岗位系列包括主任软件设计工程师、高级软件设计师、软件设计工程师等职位，财务岗位系列包括高级财务经理、财务经理、主管会计师、会计等。

职务是早期政府和企业人事管理中使用较多的概念。职务是指组织中承担相同或相似职责或工作内容的若干职位的总和，例如销售部经理；各行各业职位的称呼，例如办公室助理、会计部职员等。一般情况下，行政职务主要指科级以上的领导干部岗位。国家对于专业技术职务的解释为“专业技术职务是根据实际工作需要设置的有明确职责、任职条件和任期，并需要具备专门的业务知识和技术水平才能担负的工作岗位，不同于一次获得后而终身拥有的学位、学衔等各种学术、技术称号”。此外，干部履历表上的行政（职务）级别的栏目，写着的正科级、正处级、副局级，则是职级。

2. 工作职责

职责就是组织规定的或约定俗成的工作任务，它是构成职业的内容要素，决定着职业的性质和种类。一般来说，组织是由岗位组成的，岗位是组织设定的，至少是社会认可的，并以组织或者社会的名义给这个岗位规定了相应的工作任务，称之为岗位职责。岗位和职责是凝固在一起的，明确的职责是反映职业特征的依据，因此同样具有稳定性，不因人员的变化而变化。

比如会计岗位有处理财务等职责，不论是什么人，只要从事会计岗位工作都要履行规定的职责，如果没有这方面的技能或不愿意从事这项工作，就无法从事这个岗位的工作。会计在企业里有、在机关里有、在学校等组织里也都有，无论是哪个组织里的会计，其职责都是处理财务事务。正是这种特定职责的一致性，决定了会计是一种岗位系列，也就是我们所说的会计职业。其他职业，大多也都是由岗位系列的特定职责决定的。

3. 职业能力

职业能力是从事职业活动的必备条件，是人们所具备的知识、技术和技能素质的外化和体现，它构成职业的技术要素。传统的职业能力主要是指工作岗位需要的操作技能或动手能力，现代工作性质的变革表明这种传统的职业能力不能再适应现代化岗位对人的要求。现代经济需要的是能够适应变化的工人、班组长、质量管理人员以及行政管理人员。职业能力的内涵已由狭义的职业技能拓展到综合素质，由单独满足上岗要求到向适应社会发展。

职业能力不仅是指操作技能或动手能力，而且是指综合的、称职的就业能力，包括知识、技能、经验和态度等为完成职业任务所需的全部内容。现代社会就业岗位日趋多样化，在职业能力的内涵中，主要包括操作能力、认知能力、表达能力和综合能力，而合作能力、公关能力、解决矛盾的能力、心理承受能力等非技术的职业素质日益受到业界的重视。

二、职业的功能

职业对个人的发展是十分重要的，它不仅是一个人谋生的需要，同时也是贡献社会、实现自我的途径。

1. 职业决定了人们生活方式

职业是人们生存的基础，也是人们谋生的手段。人一旦有了职业，便有了稳定的生活来源。职业劳动是有报酬的，而且随着职业岗位的不同，劳动复杂程度的不同，报酬也不同。劳动报酬的多少决定着生活水平的高低和生活质量的好坏，可见，职业直接决定着人的生活方式。例如数控加工人员的工作地点一般在工业园区，车间是主要的工作场所；营销从业人员，工作的时间很难有明确的界限，生活也自然受到很大的影响，按时上下班通常是一种奢望；学校老师的工资不高，但由于职业的关系，生活一般比较稳定。不同职业的经济收入存在明显差别，经济收入的高低影响着人们的生活水平，对人们的生活方式造成巨大影响。

2. 职业是人们贡献社会的舞台

职业的形成是进行合理的社会分工、充分发挥人们聪明才智的结果。从社会学的角度看，职业发展反映了社会的进步。在当今社会中，每个人都是社会的一分子，既享受社会提供的服务，又应当承担一定的社会义务，为社会创造财富，为他人提供服务。每一项主要工作，每一种重要的劳动以及社会活动都有与之相应的职业。正是在这些职业中，有着不懈努力的从业人员，才使社会不断发展进步。如科学技术工作者推动科技的进步，医务工作者推动医疗技术的革新，教师推动教育事业发展等。从事的某种职业既是个人在社会劳动体系中进行具体劳动创造的体现，又是为社会建功立业的途径。

3. 职业是实现人生理想的桥梁

我们工作的目的，不仅是为了满足生存的需要，还有更高层次的追求，那就是自我价值的实现。可以说，工作的最高境界，其实就是为了实现自我价值。为谋生而工作，只会满足人们最低层次的需求，但在基本需求被满足后，追求自我价值的实现会成为人们的生活重心。

职业作为一个特定的社会角色，影响着从业者个人兴趣、能力及性格的形成和完善，不同的职业对人们个性的影响各有不同。如教师和公务员对其个人口头表达能力的完善，营销人员对其社交能力的培养等。职业对人们性格的影响也很明显，严肃活泼、团结紧张的军旅生活可以使人变得勇敢、机智；竞技体育促使人坚忍不拔、顽强拼搏；企业管理能使人勇敢、沉着、果断。对于在职场中打拼的人们而言，工作是他们实现自我价值的一个很好的途径。

职业对人生的这些作用是相互联系、密不可分的，其中谋生是基础，贡献社会是追求，实现人生理想是目的。

三、职业特性

职业特性反映了职业主体在长期的工作实践活动中所形成的与其他形式的活动相区别的本质属性。

1. 经济性

绝大多数职业活动是以获取报酬为目的的，是从业者获取经济来源的主要渠道，是个人赖以生存用以维持家庭生活的手段。人们承担职业岗位职责、完成工作任务并获得收入，一方面是用人单位对劳动的认可和回报，另一方面是人们以此维持家庭生活，这是保证整个社会经济稳定发展基础。职业的经济性能使就业者客观地审视所要从事的职业，但这不等于这种特性就完全决定一个人的职业选择。

2. 专业性

职业是人们从事的专门业务，职业的专业特性反映了职业的技术特性。人类进入工业时代以后，科学技术得以广泛应用，职业的科技含量越来越高，以至于在从事某一种职业之前，必须针对该职业进行一定时间的专业知识教育，并进行专门的技术技能或操作规程的训练。随着社会的发展、科技的进步和劳动的专业化程度的提高，职业的专业性也会越来越强。

尽管每一种职业所表现出来的技术性要求程度不同，有的甚至具有大的差异性，但它们都是职业得以存在的基本表现形式。任何一个职业岗位都有相的职责要求，能胜任和承担岗位工作的人除了达到该岗位职业道德、服务要求以外，至少要达到持证上岗的技术水准。比如用人单位的相关岗位都对学历证书、职业资格证书、上岗培训合格证书、专业工作年限等都有具体的规定，只有达到起点要求才能上岗。职业专业特性的讨论至少反映了两个重要的问题，一是每一位求职者或从业者都应当十分清楚他所从事或准备从事的职业对其提出了什么要求；二是他是否能够胜任，怎样才能达到胜任的资格。

3. 规范性

职业规范主要是指人们在从业过程中必须遵守的操作规则、办事章程或在职业活动中养成的种种习惯。职业的规范性有两个含义，第一，职业主体所从事的职业活动必须符合国家法律规定和社会伦理道德准则；第二，从业者本身应遵守的法律法规。如某些职业的从业者应持证上岗，某些职业的从业者在操作过程中须遵守特定的法律法规等。毫无疑问，了解和遵守职业规范对个人职业生涯的发展非常重要。

4. 稳定性

任何一种职业都要经历一个从酝酿到形成、从发展完善再到消亡的变化过程。一般来说构成职业生存的社会条件变化是比较缓慢的，职业的生命周期具有相对的稳定性，但是这种稳定性是相对的。随着现代社会经济、科技文化的快速发展，特别是科学技术的日新月异，会促使原有职业活动产生变化。如果这种变化只是在量的层面上，说明这种职业为社会所提供的功能仍然存在，如果这种变化反映在质的层面上，意味着这个职业已经没有存在的价值，完成了它的历史使命或被新生职业所取代。

这里之所以讨论这种职业的稳定性变化的问题，主要意图是提醒从业人员要及时把握职业变迁的两端，一端是新职业的诞生，另一端是旧职业的消亡。当然也不能忽视职业在稳定期内所产生的一些重要的变化，有时这方面的信息对求职者而言是非常宝贵的。

5. 群体性

职业的存在常常和一定的从业人数密切相关。凡是不能达到一定数量从业人员的工作都不能称其为职业。群体性并不仅仅表现为一定的从业人员数量，更重要的是一定数量的从业人员所从事的不同工艺流程表现出的协作关系以及由此而产生的人际关系。从业者由于处于同一行业、同一企业或同一部门，因此他们总会形成语言、习惯、利益、目的等方面的共同特征，从而使群体成员不断产生群体认同感。人们对相关职业特征的了解和认同，能够促进其更有效地实现就业和进一步的职业生涯发展。

四、职业的形成与演变

职业是随着社会分工的产生而出现的。职业的发展与社会分工的发展密切相关，由于社会分工和科技发展是渐进的，职业的演变也是缓慢的。历史上的三次社会大分工的出现都引起了职业分工的变化。

随着生产工具的改进、科学技术的进步，以及生产的社会化，社会分工越来越细、越来越复杂，专业化程度越来越高，职业的种类也越来越多。工业革命使人类进入现代工业社会，经济结构、产业结构、社会结构等发生了巨大变化，人们劳动的专业化程度越来越高，职业的变化和增多使新旧职业更替的速度加快。

例如，汽车的生产使社会有了汽车制造、运输业和汽车修理业，出现了司机、汽车修理工、汽车工程师等多种职业；同时，马车、人力车逐渐被淘汰，相应的职业也逐渐消失。又如，计算机的研制和激光照排技术的开发，使得印刷业中原有的铅字铸造业和排版业消失，取而代之的是文字录入、激光照排职业的产生。

新闻摘录

透视中国职业变迁：新职业、新观念、新格局

（2014 年 4 月 30 日　新华网）

新华网长沙 4 月 30 日电（记者袁汝婷）职业睡眠师？职业旅游体验师？职业游戏玩家？……当睡觉、旅游、玩游戏也能成为职业的时候，我们不得不感慨社会变化的快速和丰富。

据不完全统计，我国目前有职业 2000 余种，且长期处于更迭变化之中。在全球化、信息化和城市化的浪潮之下，数十年间，中国的职业构成发生了怎样的变迁？主宰这种变迁的是什么力量？职业的变迁，映射出怎样的社会轨迹？

新职业：服务业最集中　密切关联互联网

婚姻家庭咨询师、公共营养师、数控程序员、数字视频策划制作师、网络编辑员……十年来，相关部门已向社会发布了 12 批 120 余个新职业信息。事实上，还有大量正在兴起或已初具规模的新职业未被官方收录。

记者梳理发现，新职业具有一些共同特质：

——大量集中于现代服务业

从婚礼策划师，到高级月嫂、催乳师、早教师，再到婚姻家庭咨询师。单家庭生活一项，新职业的分支就已渗透到结婚、生子、抚育等全过程。在官方发布的新职业中，还有公共营养师、宠物健康护理员、创业咨询师等。

——职业化程度越来越高

传统的农民分化为农技师、农艺师、农场经理人、农作物种子加工员等；美容师分化为美体师、芳香保健师、美甲师、发型设计师等；汽车行业甚至有了专门的汽车玻璃维修工和轮胎翻修工……

中国就业促进会副会长、北京大学职业研究所所长陈宇认为，“职业化”将是未来职业变迁的总趋势。“职业化就是指分工越来越精细，同时，对专业化的要求越来越高，每个人只做社会总体劳动中非常小的一个分支，但人们生活中几乎所有的事情，都有人可以为你提供服务。”

——与互联网关联度越来越高

移动互联网技术日新月异，一大批新兴职业依赖其产生并发展。在官方发布的新职业中，就有数字视频策划制作师、网络课件设计师、网络编辑员，而尚未列入官方发布的，还有网络写手、电子商务师、职业玩家……

成长最快的新职业之一是网店店主，有数据统计显示，淘宝店主已超过600万。

新观念：择业更多元　认可更开明

中南大学社会学系教授李斌认为，“铁饭碗”不再是年轻人唯一的职业目标，意味着终身依附于一个组织、依附于集体的职业选择观念正在弱化，而独立、创新、敏锐的职业观念正在壮大。“这映射出社会界定‘成功’的价值标准越来越多元，而个人和家庭对不同职业的接受度和认可度越来越广泛和开明。”

“不可否认的是，公务员、国企等‘铁饭碗’依然是很多年轻人向往的职业选择。但残酷的竞争压力和狭窄的上升通道，让一部分人不得不走上探索新兴职业、独立创业的道路。”李斌说。

新格局：核心驱动力就是市场经济

数十年来，中国社会的职业分工一直处于快速更迭变迁中。其背后的推动力是什么？

进入市场经济时代，中国人的就业观念开始转变，在变革中成长的人们不再安于现状，市场竞争氛围逐渐形成，一大批职业被淘汰、衰落。

陈宇指出，在计划经济时代，个人很难获得职业的横向移动机遇，而市场经济则赋予个人自主择业、自主创业、自由流动的权利，劳动者的主动性、进取性和创造性被激发，给职场注入活力。“新职业的诞生，最核心的驱动力就是市场经济。”

综观21世纪出现的新兴职业，如各类经纪人、劳动关系协调员、商务策划师、投资分析师等，都带有明显的市场经济色彩。

职业随着时代的发展在不断变化，职业的变迁与人类社会的发展紧密相连，当代职业发展与变迁将出现以下几种趋势：

一是职业的种类大量增加。职业产生初期，种类少，发展缓慢。因为传统生产技术相对稳定，一项重要的技术发明在生产上的应用往往会持续相当长的一个时期，所以使社会职业也具有相对的稳定性。但随着社会的发展以及科技发展的加快，职业种类增加也逐渐加快，当代新兴行业不断涌现，新的职业也大量出现。技术创新已成为经济发展的决定性因素，在发达国家生产技术每年淘汰率高达20%，技术平均寿命只有5年。因此，新旧职业更替的速度加快。

二是第三产业职业数量增加。随着科学技术水平的提高，产业结构的调整，第三产业在国民经济发展中所起的作用越来越大，如金融、商务、传播、物流、卫生、教育、旅游等。第三产业就业人数不断增加，这是现代社会发展的大趋势。另外，我国加入世贸组织和吸引外资对第二产业的制造业就起到了积极推动作用，所以近年来第二产业的用人需求比重出奇制胜呈现上升态势。

三是职业活动的内容不断弃旧更新。同样的职业，时代不同，其技术方法、工作手段有着天壤之别。如工程设计绘图，过去用图板、丁字尺等，现代用 CAD 技术；机械加工，以前用普通车床，现在用数控车床。这样的例子非常多，职业演变的同时对从事该职业的素质和技能要求也提高了。

四是职业将向高科技化、智能化、专业化方向发展。在新世纪里，与高新技术有关的职业将得到发展。近年来，我国兴建了一批高新技术产业开发区，出现了一批高新技术公司，建立了一批外资和中外合资高新技术企业。因而，在加快高新技术发展政策的实施过程中，与此有关的职业将得到较快发展。随着科学技术的发展，职业的专业化和复合化程度越来越高。

五是职业的流动性增强。随着社会职业的不断增加，职业选择的机会增加，打破了职业的相对稳定性。现代社会职业兴衰演化迅速，职业的更新速度不断加快，所以，一个人一生面临的职业变化也会越来越频繁。

由于生产力的高度发展，社会分工的不断细化，原有的人才结构类型很难继续适应经济进一步发展，除了原有的学术型、工程型、技能型人才之外，迫切需要数以万计的从事生产、管理第一线的技术型专门人才，这就增加了高职院校学生的就业机会。现代职业的更新速度不断加快，这就要求毕业生转变就业观念，以发展的眼光看待问题，正确看待初次就业，寻找那些有潜力、有发展机会的职业，在工作中丰富自己的知识，提高工作能力，做到面对变化的职业市场而立于不败之地。

未来社会中职业的知识含量和技术含量将不断增加，对职业劳动者的素质要求也越来越高，职业岗位的要求和劳动方式逐步由简单向复杂方面转化，过去单一技能就能胜任的工作，现在职业内涵发展扩大了，需要多重技能才能完成。这就要求高职生必须拓宽自己的知识面，提高素质，成为适应时代需求的多面性、复合型人才。

随着世界经济全球化和一体化，国际贸易的发展，国际间技术和劳务的转移也迅速发展，从而产生了国际型人才的需求。现代职业的发展变化无疑会对高职毕业生择业产生影响，因此对于高职生，不论在校学习，还是面临求职择业，联系本人实际，充分考虑职业发展趋势是极为重要的。

课堂活动

分组讨论，如何看待热门职业？

五、职业分类

职业分类是采用一定的标准和方法依据一定的分类原则对从业人员所从事的各种专门化的社会职业所进行的全面系统的划分与归类。职业分类的发展也是职业自身发展的需要。一个国家职业体系结构的形成，为人们了解社会职业领域的总体状况提供了基础，同时职业分类的形成也增强了人们的职业意识，促使从业者不断提高职业素质。因此，职业分类是一个国家形成产业结构概念和进行产业结构、产业组织及产业政策研究的基础，对于社会各个行业的发展有着十分重要的意义。

1. 职业分类的基本依据和方法

职业分类的基本依据是工作性质的同一性。职业分类包括职业的划分与归类，按照工作性质的同一性进行归类，一方面是根据职业活动工作特征的相异程度进行职业的划分，另一方面是根据职业活动工作特征的相同程度进行职业的归类。

任何一个国家的职业分类都是建立在一个分类结构体系之上的。针对体系中的每个层次依据不同的原则和方法才能实现总体结构的职业划分与归类。根据国际职业分类的通行做法，职业分类一般划分为大类、中类、小类和细类四个层次。大类层次的职业分类是依据工作性质的同一性，并考虑相应的能力水平进行的；中类层次的职业分类是在大类范围内，根据工作的任务与分工的同一性进行的；小类层次的职业分类是在中类的范围内，按照工作的环境功能及其相互关系的同一性进行的；细类层次的职业分类即为职业的划分与归类，它是在小类的基础上按照工作分析法，根据工艺技术、对象、操作流程和方法的同一性进行的。

职业分类的基本方法是工作分析法。职业分类工作分析法是将任何一种职业活动依据其工作的基本属性进行分析，按照工作特征的相异与相同程度进行职业的划分与归类。

2. 我国职业分类

我国职业分类的总体结构为大类、中类、小类和细类（职业）四个层次，依次体现由粗到细的职业类别。细类作为我国职业分类结构中最基本的类别即职业。

我国目前现有以下职业分类标准：

（1）国家标准《职业分类和代码》。

（2）《中华人民共和国工种分类目录》。

（3）《中华人民共和国职业分类大典》。

根据我国国民经济发展现状，借鉴国际标准职业分类体系，我国职业划分为八个大类。第一大类为国家机关、党群组织、企事业单位负责人；第二大类为各类专业技术人员；第三大类为办事人员及有关人员；第四大类为商业及服务业人员；第五大类为农林牧渔水利业生产人员；第六大类为生产运输人员及有关人员；第七大类为军人；第八大类为不便分类的其他人员。

国家职业分类大典的基本内容是通过 8 个大类简明、统一的格式来表述的。每一大类的内容包括大类编码、大类名称、大类描述、所含中类的编码和名称；每一中类的内容包括中类编码、中类名称、中类描述、所含小类的编码和名称。每一小类的内容包括小类编码、小类名称、小类描述和所含细类编码和名称。每一细类（职业）的内容包括职业编码、职业名称、职业定义、职业描述及归入本职业的工种名称与编码等。

从 2004 年起国家将根据社会经济发展需要建立新职业定期发布制度，并不断补充与修订国家职业分类体系。

实践活动

1. 了解职业分类。根据所学专业培养目标，确定一个将来要从事的职业，登陆国家人力资源和社会保障部网站，点击在线查询栏目—业务信息查询，进入“国家职业资格管理数据库”，在职业分类查询下面输入职业名称，可了解该职业的相关内容并填入下面相应位置。

职业名称：______________________

职业编码：______________________

所在分类：______________________

职业描述：______________________

2. 了解职业现状和发展趋势。根据上述选定的职业，分组搜集资料，分析所在地区产业、行业与职业现状与发展趋势。

六、岗位说明书

岗位说明书，又称职位说明书、工作说明书，是关于工作岗位特征与任职资格的说明文件。通过工作分析过程，用规范的文件形式对组织内各类岗位的工作性质、任务、责任、权限、工作内容和方法、工作条件、岗位名称、职种职级以及该岗位任职人员的资格条件、考核项目等做出统一的规定。

1. 岗位说明书的作用

岗位说明书提供了关于岗位的众多基础性信息，在人力资源管理活动中具有重要作用。编制岗位工作说明书的目的，是为企业的招聘录用、工作分派、签订劳动合同以及职业指导等现代企业管理业务，提供原始资料和科学依据。

岗位描述确定了岗位职责，描述了职责范围，可以进一步深化为考核标准与考核内容。根据工作说明书的内容，可以进行岗位评价，确定岗位之间的相对价值，为整个薪酬体系的设计提供了数据支撑。工作说明书表明了岗位的任职资格与条件，一方面为招聘工作的选拔测试过程提供了客观依据，另一方面也可以了解员工素质与要求之间的差距，以便开展有针对性的在职培训与开发。以岗位说明书的考核标准为依据，可以对员工的德、能、勤、绩等方面进行综合评价，判断他们是否称职，并以此作为任免、奖罚、报酬、培训的依据。总之，工作说明书是人力资源管理活动中不可缺少的基础性文件，是众多管理活动的依据。

通过岗位说明书，员工应该知道自己在何时何地以何种方式完成何事、接受谁的领导、与什么岗位协作、对谁给予指导等。通过一系列的岗位说明书，员工能较为清晰地了解组织整体动作流程，明白自己所在岗位处于流程的哪个节点，能够清楚地认识本岗位的作用与价值。

2. 岗位说明书的内容

岗位说明书是工作分析最终的表现形式，按照一定的标准和规范形成的一份关于岗位的书面材料，具有明确的格式要求和严格的质量标准。岗位工作说明书的内容，可依据工作分析的目的加以调整，内容可繁可简。一般来说，岗位说明书主要包括概况、概要、职责任务与资格条件等部分。合格的职务说明书必须具有准确性、完备性、普遍性、简约性、预见性与可操作性。

岗位说明书应该包括以下主要内容：

（1）岗位基本资料：包括岗位名称、岗位工作编号、汇报关系、直属主管、所属部门、工资等级、工资标准、所辖人数、工作性质、工作地点等。

（2）岗位分析日期：目的是为了避免使用过期的岗位说明书。

（3）岗位工作概述：简要说明岗位工作的内容，并逐项加以说明岗位工作活动的内容，以及各活动内容所占时间百分比，活动内容的权限，执行的依据等。

（4）岗位工作责任：包括直接责任与领导责任，要逐项列出任职者工作职责。

（5）岗位工作资格：即从事该项岗位工作所必须具备的基本资格条件，主要有学历、个性特点、体力要求以及其他方面的要求。包括必备资格和理想资格，其中必备资格是完成某职位工作要求的最低资格，理想资格是在具备必备资格的基础上，若具备某些条件更为理想。

（6）岗位发展方向：在部分企业的岗位说明书中还会加上岗位发展方向的内容，希望通过岗位发展方向不仅明确企业内部不同岗位间的相互关系，而且还有利于员工明确职业发展目标，将自己的职业生涯规划与企业发展结合在一起。具体请看下面某企业岗位说明书：

资料链接

某公司商务助理岗位说明书

岗位名称	商务助理	所属部门	总经办	直属上级	总经理
第一部分　岗位职责说明					
职位概要： ◇ 在总经理的领导下，配合公司市场方面的各项工作，主要包括：拟定参展、宣传等市场计划，以及公司网站及宣传册的制作等； ◇ 配合领导做好重要客户接待工作； ◇ 与上级单位的沟通协调工作； ◇ 公司人力及行政工作。					
岗位职责			工作要求		
1. 配合总经理制定全年企业宣传计划和目标，并按照计划监督实施。包括公司网站及宣传册的协调、整理、设计等工作，新闻稿的撰写及投稿；收集媒体信息，为公司的广告宣传提供参考；与杂志社及相关业务网站保持良好沟通。			1. 宣传计划的制定应根据工作实际做到切实可行，确保实施有效、监督有力；确保宣传册、网站等设计符合要求，及时维护更新；确保媒体信息及时且丰富，确保新闻时效性，有关媒体部门关系畅通。		

续前表

<table>
<tr><th>岗位名称</th><th>商务助理</th><th>所属部门</th><th>总经办</th><th>直属上级</th><th>总经理</th></tr>
<tr><td colspan="3">2. 协调重点项目的执行，协助经理及销售进行相关外联工作；配合接待重要客户，树立和维护公司良好形象。
3. 员工招聘、培训、入职离职手续、档案管理、保险公积金缴纳、办理出国相关手续等人力资源方面的工作。
4. 工作月记表、周总结、出差申请、考勤记录、项目编号统计等工作表格的监督及收集。
5. 会议记录整理工作，对相关决议的执行情况进行跟催；收集市场信息，积累市场宣传材料。
6. 日常办公用品采购；办公环境维护；员工工作餐；水、电、电话、网络等缴费及维护等行政工作。</td><td colspan="3">2. 做到沟通及时、细致，考虑周全，配合得力，积极维护公司形象。
3. 工作确保细致、耐心、完善。
4. 每月、每周督促员工完成工作表格的填写，及时向领导汇报工作。
5. 会议记录整理准确、清楚、及时。跟催及时有效，强化与销售人员的沟通。
6. 工作耐心细致，及时、无遗漏。</td></tr>
<tr><td colspan="6">岗位权限：
1. 就宣传计划向上级领导申报拓展宣传渠道及范围的权利。
2. 对上级部门提出合理化建议和意见的权利。
3. 对市场营销岗位和项目管理岗位相关人员有监督建议的权利。</td></tr>
<tr><td colspan="6">岗位关系：
◇ 内部联系：本岗位与市场营销岗位和项目管理岗位的员工具有协调和配合的关系，与总经理有指导和汇报关系。
◇ 外部联系：本岗位与上级单位有沟通协调关系；与各战略合作商及客户有辅助沟通协调关系；与行业相关媒体杂志有业务上的合作关系。
◇ 所受监督：直接受总经理监督指导。
◇ 所施监督：对所有员工的考勤、工作表格等进行监督；对营销会议上公司交予市场营销岗位、项目管理岗位员工的事项的执行情况进行监督；对企业宣传相关工作的各环节及结果进行监督。
◇ 本岗位横向平移情况：本岗位可向其他职能部门助理岗位平移。
◇ 职务晋升阶梯图：
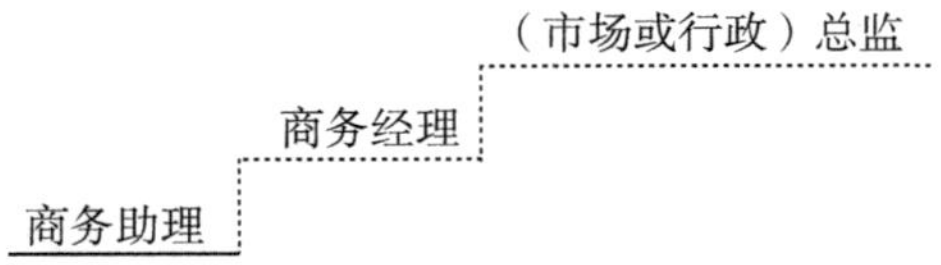</td></tr>
<tr><td colspan="6">第二部分　员工任职要求</td></tr>
<tr><td colspan="6">任职资格：
◇ 教育背景：大学以上文化程度。
◇ 工作经验：2 年以上商务助理相关工作经验。
◇ 能力要求：1. 掌握一定市场营销专业知识。</td></tr>
</table>

续前表

岗位名称	商务助理	所属部门	总经办	直属上级	总经理
2. 具有一定外语水平，能运用英语进行简单的听、说、读、写。 3. 具有一定计算机水平，能够熟练使用计算机办公软件。 4. 具有丰富的社会经验。 ◇ 素质要求：1. 具有一定的组织领导能力、管理能力、计划能力及实施运作能力。 2. 具有较好的口头和书面语言表达。 3. 具有较强的学习能力、理解指令和原理的能力及推理判断能力。 4. 严谨、细心，善于发现问题，并及时作出判断。 5. 具有较强的安全意识和保密意识。					
培训及考核： ◇ 本岗应受培训：1. 人力资源管理。 2. 英语。 3. 公关学、社会学和心理学知识。 ◇ 本岗考核内容：1. 公司宣传及商务工作的成果。 2. 市场营销岗位和项目管理岗位员工的执行成果。 3. 行政工作成果。					
绩效管理： 由上级领导对考勤和工作月记表的评价进行核实及可靠性分析，以保证考核结果的真实性，并将考核结果与同期指标和工作要求相比较，将分析结果反馈给本人作为加（减）薪的依据。					

实践活动

分小组分析上述岗位说明书，并指出需要改进的地方。

第二节　职业标准与职业资格制度

一、职业标准

国家职业标准是指在职业分类基础上，根据职业的活动内容，对从业人员工作能力水平的规范性要求。它是从业人员从事职业活动，接受职业教育培训和职业技能鉴定的主要依据，也是衡量劳动者从业资格和能力的重要尺度。国家职业标准由人力资源和社会保障部组织制定并统一颁布。

职业标准在整个国家职业资格体系中处于龙头位置，起着导向作用。它引导着职业教育、职业培训、鉴定考核、技能竞赛等活动，其举足轻重的地位现在越来越清晰地呈现出来。一个统一的、符合劳动力市场目标和企业发展目标的职业标准体系，对国家职业技能开发事业的发展有决定性的意义和影响。从全球范围看，标准导向的改革已经成为世界性职业教育改革潮流的共同目标，成为各国共同的行动纲领。

国家职业标准通过工作分析方法，描述了胜任各种职业所需的能力，反映了企业和用人单位的用人要求。国家职业标准的作用具体表现在以下几个方面：

1. 开展职业教育和职业培训的重要依据

职业教育教育和职业培训的根本任务是培养各类技术技能型人才。不同职业的工作内容、操作技能、理论知识不尽相同。职业标准的颁布为职业院校确定培养目标、设置教学课程、制定教学内容和开展校企合作培养技术技能人才具有重要的导向作用。

2. 从业者就业、上岗（转岗）、晋级的考核依据

根据标准内容的要求考核鉴定从业者所具有的技术能力，其中包括掌握专业知识的程度和实际操作技能等方面的情况。一般情况下，劳动者技能等级高低与其生产效率贡献大小是成正比的，因此职业标准是确定劳动报酬的一个重要因素。

3. 构建职业资格证书制度的有力支持

国家职业标准是国家职业资格证书制度的重要组成部分，也是开展职业技能鉴定前端性和基础性工作。制定国家职业标准，并按国家职业标准编写教材、开发题库、开展培训、实施鉴定，构建了国家职业资格证书制度基础工作体系，这为提高从业者素质，实现素质就业、技能就业、技能成才奠定了基础。

二、国家职业标准的具体内容

国家职业标准包括职业概况、基本要求、工作要求和鉴定比重表四个部分，其中工作要求为国家职业标准的主体部分。

1. 职业概况

职业概况是对本职业的基本情况的描述，包括职业名称、职业定义、职业等级、职业环境条件、职业能力特征、培训要求、鉴定要求等内容。

2. 基本要求

基本要求包括职业道德和基础知识，其中职业道德是指从事本职业工作应具备的基本观念、意识、品质和行为的要求，一般包括职业道德知识、职业态度、行为规范；基础知识是指本职业各等级从业人员都必须掌握的通用基础知识，主要是与本职业密切相关并贯穿于整个职业的基本理论知识、有关法律知识和安全卫生、环境保护知识。

3. 工作要求

工作要求是在对职业活动内容进行分解和细化的基础上，从技能和知识两个方面对完成各项具体工作所需职业能力的描述。包括职业功能、工作内容、技能要求、相关知识。其中职业功能是指一个职业所要实现的活动目标，或是一个职业活动的主要方面（活动项目），根据不同职业的性质和特点，可按工作领域、项目或工作程序来划分；工作内容是指完成职业功能所应做的工作，可以按种类划分，也可以按照程序划分，每项职业功能一

般包含两个或两个以上的工作内容；技能要求是指完成每一项工作内容应达到的结果或应具备的技能；相关知识是指完成每项操作技能应具备的知识，主要指与技能要求相对应的技术要求、有关法规、操作规程、安全知识和理论知识等。

4. 比重表

比重表包括理论知识比重表和技能比重表。其中，理论知识比重表反映基础知识和每一项工作内容的相关知识在培训考核中应占的比例；技能比重表反映各项工作内容在培训考核中所占的比例。

资料链接

维修电工国家职业标准

1 职业概况

1.1 职业名称：

维修电工。

1.2 职业定义

从事机械设备和电气系统线路及器件等的安装、调试与维护、修理的人员。

1.3 职业等级

本职业共设五个等级，分别为：初级（国家职业资格五级）、中级（国家职业资格四级）、高级（国家职业资格三级）、技师（国家职业资格二级）、高级技师（国家职业资格一级）。

1.4 职业环境

室内，室外。

1.5 职业能力特征

具有一定的学习、理解、观察、判断、推理和计算能力，手指、手臂灵活，动作协调，并能高空作业。

1.6 基本文化程度

初中毕业。

1.7 培训要求

1.7.1 培训期限

全日制职业学校教育，根据其培养目标和教学计划确定。晋级培训期限：初级不少于500标准学时；中级不少于400标准学时；高级不少于300标准学时；技师不少于300标准学时；高级技师不少于200标准学时。

1.7.2 培训教师

培训初、中、高级维修电工的教师应具有本职业技师以上职业资格证书或相关专业中、高级专业技术职务任职资格；培训技师和高级技师的教师应具有本职业高级技师职业资格证书2年以上或相关专业高级专业技术职务任职资格。

1.7.3 培训场地设备

标准教室及具备必要实验设备的实践场所和所需的测试仪表及工具。

1.8 鉴定要求

1.8.1 适用对象：从事或准备从事本职业的人员。

1.8.2 申报条件

——初级（具备以下条件之一者）

（1）经本职业初级正规培训达规定标准学时数，并取得毕（结）业证书。

（2）在本职业连续见习工作3年以上。

（3）本职业学徒期满。

——中级（具备以下条件之一者）

（1）取得本职业初级职业资格证书后，连续从事本职业工作3年以上，经本职业中级正规培训达规定标准学时数，并取得毕（结）业证书。

（2）取得本职业初级资格证书后，连续从事本职业工作5年以上。

（3）连续从事本职业工作7年以上。

（4）取得经劳动保障行政部门审核认定的、以中级技能为培养目标的中等以上职业学校本职业（专业）毕业证书。

——高级（具备以下条件之一者）

（1）取得本职业中级职业资格证书后，连续从事本职业工作4年以上，经本职业高级正规培训达规定标准学时数，并取得毕（结）业证书。

（2）取得本职业中级职业资格证书后，连续从事本职业工作8年以上。

（3）取得高级技工学校或经劳动保障行政部门审核认定的、以高级技能为培养目标的高等职业学校本职业（专业）毕业证书。

（4）取得本职业中级职业资格证书的大专以上本专业或相关专业毕业生，连续从事本职业工作3年以上。

——技师（具备以下条件之一者）

（1）取得本职业高级职业资格证书后，连续从事本职业工作5年以上，经本职业技师正规培训达规定标准学时数，并取得毕（结）业证书。

（2）取得本职业高级职业资格证书后，连续从事本职业工作10年以上。

（3）取得本职业高级职业资格证书的高级技工学校本职业（专业）毕业生和大专以上本专业或相关专业毕业生，连续从事本职业工作时间满2年。

——高级技师（具备以下条件之一者）

（1）取得本职业技师职业资格证书后，连续从事本职业工作3年以上，经本职业高级技师正规培训达规定标准学时数，并取得毕（结）业证书。

（2）取得本职业技师职业资格证书后，连续从事本职业工作5年以上。

1.8.3 鉴定方式

分为理论知识考试和技能操作考核。理论知识考试采用闭卷笔试方式，技能操作考核采用现场实际操作方式。理论知识考试和技能操作考核均实行百分制，成绩皆达60分以上者为合格。技师、高级技师鉴定还须进行综合评审。

1.8.4 考评人员与考生配比

理论知识考试考评人员与考生配比为1∶15，每个标准教室不少于2名考评人员；技能操作考核考评员与考生配比为1∶5，且不少于3名考评人员。

1.8.5　鉴定时间

理论知识考试时间为120min；技能操作考核时间为：初级不少于150min，中级不少于150min，高级不少于180min，技师不少于200min，高级技师不少于240min；论文答辩时间不少于45min。

1.8.6　鉴定场所设备

理论知识考试在标准教室进行，技能操作考核应在具备每人一套的待修样件及相应的检修设备、实验设备和仪表的场所里进行。

2　基本要求

2.1　职业道德

2.1.1　职业道德基本知识

2.1.2　职业守则

(1) 遵守有关法律、法规和有关规定。

(2) 爱岗敬业，具有高度的责任心。

(3) 严格执行工作程序、工作规范、工艺文件和安全操作规程。

(4) 工作认真负责，团结协作。

(5) 爱护设备及工具、夹具、刀具、量具。

(6) 着装整洁，符合规定；保持工作环境清洁有序，文明生产。

2.2　基础知识

2.2.1　电工基础知识

(1) 直流电与电磁的基本知识。

(2) 交流电路的基本知识。

(3) 常用变压器与异步电动机。

(4) 常用低压电器。

(5) 半导体二极管、晶体三极管和整流稳压电路。

(6) 晶闸管基础知识。

(7) 电工读图的基本知识。

(8) 一般生产设备的基本电气控制线路。

(9) 常用电工材料。

(10) 常用工具（包括专用工具）、量具和仪表。

(11) 供电和用电的一般知识。

(12) 防护及登高用具等使用知识。

2.2.2　钳工基础知识

(1) 锯削。

1) 手锯。

2) 锯削方法。

(2) 锉削。

1) 锉刀。

2) 锉削方法。

(3) 钻孔。

1) 钻头简介。

2) 钻头刃磨。

(4) 手工加工螺纹。

1) 内螺纹的加工工具与加工方法。

2) 外螺纹的加工工具与加工方法。

(5) 电动机的拆装知识。

1) 电动机常用轴承种类简介。

2) 电动机常用轴承的拆卸。

3) 电动机拆装方法。

2.2.3 安全文明生产与环境保护知识

(1) 现场文明生产要求。

(2) 环境保护知识。

(3) 安全操作知识。

2.2.4 质量管理知识

(1) 企业的质量方针。

(2) 岗位的质量要求。

(3) 岗位的质量保证措施与责任。

2.2.5 相关法律、法规知识

(1) 劳动法相关知识。

(2) 合同法相关知识。

3 工作要求

本标准对初级、中级、高级、技师(略)、高级技师(略)的技能要求依次递进,高级别包括低级别的要求。

3.1 初级

职业功能	工作内容	技能要求	相关知识
一、工作前准备	(一) 劳动保护与安全文明生产	1. 能够正确准备个人劳动保护用品 2. 能够正确采用安全措施保护自己,保证工作安全	
	(二) 工具、量具及仪器、仪表	能够根据工作内容合理选用工具、量具	常用工具、量具的用途和使用、维护方法
	(三) 材料选用	能够根据工作内容正确选用材料	电工常用材料的种类、性能及用途
	(四) 读图与分析	能够读懂CA6 140车床、Z535钻床、5t以下起重机等一般复杂程度机械设备的电气控制原理图及接线图	一般复杂程度机械设备的电气控制原理图、接线图的读图知识

续前表

职业功能	工作内容	技能要求	相关知识
二、装调与维修	(一)电气故障检修	1. 能够检查、排除动力和照明线路及接地系统的电气故障 2. 能够检查、排除 CA6 140 车床、Z535 钻床等一般复杂程度机械设备的电气故障 3. 能够拆卸、检查、修复、装配、测试 30KW 以下三相异步电动机和小型变压器 4. 能够检查、修复、测试常用低压电器	1. 动力、照明线路及接地系统的知识 2. 常见机械设备电气故障的检查、排除方法及维修工艺 3. 三相异步电动机和小型变压器的拆装方法及应用知识 4. 常用低压电器的检修及调试方法
	(二)配线与安装	1. 能够进行 19/0.82 以下多股铜导线的连接并恢复其绝缘 2. 能够进行直径 19mm 以下的电线铁管煨弯、穿线等明、暗线的安装 3. 能够根据用电设备的性质和容量，选择常用电器元件及导线规格 4. 能够按图样要求进行一般复杂程度机械设备的主、控线路配电板的配线及整机的电气安装工作 5. 能够检验、调整速度继电器、温度继电器、压力继电器、热继电器等专用继电器 6. 能够焊接、安装、测试单相整流稳压电路和简单的放大电路	1. 电工操作技术与工艺知识 2. 机床配线、安装工艺知识 3. 电子电路基本原理及应用知识 4. 电子电路焊接、安装、测试工艺方法
	(三)调试	能够正确进行 CA6 140 车床、Z535 钻床等一般复杂程度的机械设备或一般电路的试通电工作，能够合理应用预防和保护措施，达到控制要求，并记录相应的电参数	1. 电气系统的一般调试方法和步骤 2. 试验记录的基本知识

3.2 中级

职业功能	工作内容	技能要求	相关知识
一、工作前准备	(一)工具、量具及仪器、仪表	能够根据工作内容正确选用仪器、仪表	常用电工仪器、仪表的种类、特点及适用范围
	(二)读图与分析	能够读懂 X62W 铣床、MGB1420 磨床等较复杂机械设备的电气控制原理图	1. 常用较复杂机械设备的电气控制线路图 2. 较复杂电气图的读图方法

续前表

职业功能	工作内容	技能要求	相关知识
二、装调与维修	(一) 电气故障检修	1. 能够正确使用示波器、电桥、晶体管图示仪 2. 能够正确分析、检修、排除 55KW 以下的交流异步电动机、60KW 以下的直流电动机及各种特种电机的故障 3. 能够正确分析、检修、排除交磁电机扩大机、X62W 铣床、MGB1420 磨床等机械设备控制系统的电路及电气故障	1. 示波器、电桥、晶体管图示仪的使用方法及注意事项 2. 直流电动机及各种特种电机的构造、工作原理和使用与拆装方法 3. 交磁电机扩大机的构造、原理、使用方法及控制电路方面的知识 4. 单相晶闸管交流技术
	(二) 配线与安装	1. 能够按图样要求进行较复杂机械设备的主、控线路配电板的配线(包括选择电器元件、导线等),以及整台设备的电气安装工作 2. 能够按图样要求焊接晶闸管调速器、调功器电路,并用仪器、仪表进行测试	明、暗电线及电器元件的选用知识
	(三) 测绘	能够测绘一般复杂程度机械设备的电气部分	电气测绘基本方法
	(四) 调试	能够独立进行 X62W 铣床、MGB1420 磨床等较复杂机械设备的通电工作,并能正确处理调试中出现的问题,经过测试、调整,最后达到控制要求	较复杂机械设备电气控制调试方法

3.3 高级

职业功能	工作内容	技能要求	相关知识
一、工作前准备	读图与分析	能够读懂经济型数控系统、中高频电源、三相晶闸控制系统等复杂机械设备控制系统和装置的电气控制原理图	1. 数控系统基本原理 2. 中高频电源电路基本原理
二、装调与维修	(一) 电气故障检修	能够根据设备资料,排除 B2010A 龙门刨床、经济型数控、中高频电源、三相晶闸管、可编程序控制器等机械设备控制系统及装置的电气故障	电力拖动及自动控制原理基本知识及应用知识

续前表

职业功能	工作内容	技能要求	相关知识
二、装调与维修	（二）配线与安装	能够按图样要求安装带有80点以下开关量输入输出的可编程序控制器的设备	可编程序控制器的控制原理、特点、注意事项及编程器的使用方法
	（三）测绘	1. 能够测绘X62W铣床等较复杂机械设备的电气原理图、接线图及电气元件明细表 2. 能够测绘晶闸管触发电路等电子线路并绘出其原理图 3. 能够测绘固定板、支架、轴、套、联轴器等机电装置的零件图及简单装配图	1. 常用电子元器件的参数标识及常用单元电路 2. 机械制图及公差配合知识 3. 材料知识
	（四）调试	能够调试经济型数控系统等复杂机械设备及装置的电气控制系统，并达到说明书的电气技术要求	有关机械设备电气控制系统的说明书及相关技术资料
	（五）新技术应用	能够结合生产应用可编程序控制器改造较简单的继电器控制系统，编制逻辑运算程序，绘出相应的电路图，并应用于生产	1. 逻辑代数、编码器、寄存器、触发器等数字电路的基本知识 2. 计算机基本知识
	（六）工艺编制	能够编制一般机械设备的电气修理工艺	电气设备修理工艺知识及其编制方法
三、培训指导	指导操作	能够指导本职业初、中级工进行实际操作	指导操作的基本方法

4 比重表

4.1 理论知识

项目		初级（%）	中级（%）	高级（%）	技师（%）	高级技师（%）
基本要求	职业道德	5	5	5	5	5
	基础知识	22	17	14	10	10

续前表

项目			初级（%）	中级（%）	高级（%）	技师（%）	高级技师（%）
相关知识	一、工作前准备	劳动保护与安全文明生产	8	5	5	3	2
		工具、量具及仪器、仪表	4	5	4	3	2
		材料选用	5	3	3	2	2
		读图与分析	9	10	10	6	5
	二、装调与维修	电气故障检修	15	17	18	13	10
		配线与安装	20	22	18	5	3
		调试	12	13	13	10	7
		测绘	—	3	4	10	12
		新技术应用	—	—	2	9	12
		工艺编制	—	—	2	5	8
		设计	—	—	—	9	12
	三、培训指导	指导操作	—	—	2	2	2
		理论培训	—	—	—	2	2
	四、管理	质量管理	—	—	—	3	3
		生产管理	—	—	—	3	3
合计			100	100	100	100	100

4.2 技能操作

项目			初级（%）	中级（%）	高级（%）	技师（%）	高级技师（%）
技能要求	一、工作前准备	劳动保护与安全文明生产	10	5	5	5	5
		工具、量具及仪器、仪表	5	10	8	2	2
		材料选用	10	5	2	2	2
		读图与分析	10	10	10	7	7
	二、装调与维修	电气故障检修	25	26	25	15	8
		配线与安装	25	24	15	5	2
		调试	15	18	19	10	5
		测绘	—	2	7	10	9
		新技术应用	—	—	3	13	20
		工艺编制	—	—	4	8	10
		设计	—	—	—	13	16

续前表

项目			初级（%）	中级（%）	高级（%）	技师（%）	高级技师（%）
技能要求	三、培训指导	指导操作	—	—	2	2	4
		理论培训	—	—	—	2	4
	四、管理	质量管理	—	—	—	3	3
		生产管理	—	—	—	3	3
合计			100	100	100	100	100

实践活动

根据所学专业培养目标和就业方向，找到相应的职业标准，熟悉该职业的职业概况、基本要求、工作要求和鉴定比重表等内容。

三、职业资格

跨进职业大门的通行证是什么？从什么地方可以领到你想要的通行证？具有什么样的能力才能适应未来岗位的要求？现在所学的专业在求职时，需要具备什么资格？需要哪些能力？在回答这些问题之前，先看一则新闻。

新闻摘录

职业资格证书受青睐

提及“职业资格证书”，恐怕不少人还都感到有些陌生，但说到会计证、驾驶证、保安证、厨师证、电工证等，大家都可能耳熟能详了。凡是有过求职经历的人，大概都能认识到职业资格证书的重要性。

笔者摘抄了几则招聘广告：

招聘会计、出纳，要求35岁以下，大专以上文化，有会计证、会计电算化证……

诚聘预算员，要求能熟练操作电脑，有实际工作经验，有预算资格证书……

高薪诚聘建筑师一名，须持一级注册建筑师证……

招聘电工、焊工多名，要求身体健康，吃苦耐劳，有电工（焊工）证……

一名只有大专学历的毕业生与一名某著名高校文秘专业的本科生一同到某颇负盛名的企业应聘行政秘书，结果本科生败在了大专生手下。心有不甘的本科生向该企业老总询问自己落选的原因，该企业老总直言相告："没有秘书资格证书，缺少企业急需的全面综合能力。"本科生不禁大叹：号称"就业敲门砖"的学历证书竟然比不过一本职业资格证书！

以往因招聘单位要求过高学历而被挡在门外的人，如今却能凭职业资格证书敲开一些门槛颇高的单位大门，职业资格证书受青睐的程度由此可见一斑。

拥有一本职业资格证书，就可能在求职路上先行一步，就可能获得一份好的工作、一个好的职位。考一个职业资格，就等于拿一张通向未来工作岗位的通行证。在这种大环境下，许多人纷纷进入"能源储备"的职业备战状态，参加各类职业培训和职业资格考试的人数成倍率增长，考"证"形成一股热潮。（新民晚报 2001-05-25）

这则新闻说明，不是每一个人都能顺利跨进职业大门的。大学生要想顺利跨进职业大门，就需要在获取学历证书的同时，必须获取与未来职业相关的职业资格证书。

1. 职业资格证书制度

职业资格证书制度是指按照国家制定的职业标准或任职资格条件，通过政府认定的鉴定评价机构对劳动者的技能水平或职业资格进行客观公正、科学规范的评价和鉴定，对合格者授予相应的国家职业资格证书。职业资格证书制度是劳动就业、用人制度的一项重要内容，也是一种特殊形式的国家考试制度。

我国从 1994 年开始实施职业资格证书制度。随着现代职业对从业人员要求的不断提高，职业资格证书渐渐成为人才市场上的"通行证"。也就是说，今后国家对一般性的职业，要求上岗前须取得从业资格证书；对一些关键岗位、职业上岗或独立开业须取得执业资格证书。

职业资格证书是表明劳动者具有从事某一职业所必备的学识、技术和能力的证明。与学历文凭证书不同，职业资格证书与某一职业能力的具体要求密切结合，反映特定职业的实际工作标准和规范，以及劳动者从事这种职业所达到的实际能力水平，所以它是劳动者求职、任职、独立开业的资格凭证，是用人单位招聘、录用劳动者的主要依据，也是境外就业、对外劳务合作人员办理技能水平公证的有效证件。

2000 年 7 月 1 日，由劳动和社会保障部发布的《招用技术工种从业人员规定》正式实行。该规定要求企业招用技术工种从业人员必须从持有职业资格证书的人员中录用。它标志着国家开始在全国范围内实行劳动力市场就业准入控制政策，其基础就是职业资格证书制度。

所谓就业准入是指根据《劳动法》和《职业教育法》的有关规定，对从事技术复杂、通用性广、涉及国家财产、人民生命安全和消费者利益的职业（工种）的劳动者，必须经过培训并取得职业资格证书后，方可就业上岗。实行就业准人的职业范围由劳动和社会保障部确定并向社会发布。

2000 年 3 月 16 日，劳动和社会保障部以部令第 6 号形式发布了《招用技术工种从业人员规定》（2000 年 7 月 1 日起施行），对 90 个工种实行就业准入。

由国家劳动与社会保障部门负责的国家职业资格证书包括技术等级证书和技师合格证书。职业资格证书分为五个等级，即初级（国家职业资格五级）、中级（国家职业资格四级）、高级（国家职业资格三级）、技师（国家职业资格二级）、高级技师（国家职业资格一级）。职业资格证书由中华人民共和国劳动和社会保障部统一印制，劳动保障部门或国务院有关部门按规定办理和核发。

2. 职业资格证书

职业资格是指对从事某一职业所必备的学识、技术和能力的基本要求。职业资格包括从业资格和执业资格。

从业资格是政府规定专业技术人员从事某种专业技术性工作的学识、技术和能力的起点标准，即从事某种职业的起点资格、起码水平。从业资格通过学历认定或考试取得。

执业资格是政府对某些责任较大、社会通用性强、关系公共利益的专业技术工作实行的准入控制，是专业技术人员依法独立开业或独立从事某种专业技术工作学识、技术和能力的必备标准。执业资格通过考试取得。

从业资格和执业资格同属于职业资格，反映了职业资格含义的不同层次。获取从业资格只证明已达到从事某职业对人所掌握知识、技能的最低要求，而获取执业资格则反映其已达到了独立开业或独立从事某种专业技术工作所需要的专业知识和技能水平。例如，会计证、电工证等是从业资格证书；执业医师证书、注册会计师证书属于能独立开业的执业资格证书。

职业资格证书是职业标准在社会劳动者身上的体现和定位，是对劳动者具有和达到某一职业所要求的知识和技能标准的认证，分为《从业资格证书》和《 执业资格证书》。

3. “双证书”制度

高等职业教育实行“双证书”制度，即高等职业院校的毕业生应取得学历和技术等级或职业资格两种证书的制度。这是高等职业教育自身的特性和社会的需要，是求职的基本条件。

几年来国家在许多法规和政策性文件中提出了实行“双证书”制度的要求。1996 年颁布的《中华人民共和国职业教育法》规定“实施职业教育应当根据实际需要，同国家制定的职业分类和职业等级标准相适应，实行学历证书、培训证书和职业资格证书制度”，并明确“学历证书、培训证书按照国家有关规定，作为职业学校、职业培训机构的毕业生、结业生从业的凭证”。1998 年国家教委、国家经贸委、劳动部发布的《关于实施〈职业教育法〉加快发展职业教育的若干意见》中详细说明：“要逐步推行学历证书或培训证书和职业资格证书两种证书制度。接受职业学校教育的学生，经所在学校考试合格，按照国家有关规定，发给学历证书；接受职业培训的学生，经所在职业培训机构或职业学校考核合格，按照国家有关规定，发给培训证书。对职业学校或职业培训机构的毕（结）业生，要按照国家制定的职业分类和职业等级、职业技能标准，开展职业技能考核鉴定，考核合格的，按照国家有关规定，发给职业资格证书。学历证书、培训证书和职业资格证书作为从事相应职业的凭证。”

根据《国务院关于大力发展职业教育的决定》（国发〔2005〕35 ）号的规定，高职院毕业生可以参加专业对应工种的中级工（国家职业四级）鉴定，学生毕业时应该至少取得其中一个工种的职业资格证书。《国务院关于加快发展现代职业教育的决定》（国发〔2014〕19 号）指出要积极推进学历证书和职业资格证书“双证书制度”。

我们再看几个成功就业的例子：

新闻摘录

郭莉，2003届广告专业毕业生，毕业时考取了会计师证书、会计电算化证书、计算机等级证书和英语测评4个证书，其中前两个是职业资格证书，后两个是等级和水平证书，现在金策开元会计代理有限责任公司就职。

“有证书肯定是有竞争力的，同样到一个单位求职，你有职业资格证书，他没有，你说用人单位优先考虑谁？这是明摆着的事。你拿的证书多，说明你综合能力强。一些中小公司虽然需要某一方面的专才，但是更需要多面手，到了公司后，可以适应不同岗位，胜任不同部门的工作，我们公司更重视多面手人才。”

“考取了证书能够证明能力，但综合素质也是非常重要的，我这个职位，除了要具备财会专业能力外，还要有与客户沟通、与有关部门打交道的能力，要求表达力、领悟理解力、灵活变通、有责任心和可塑性强等。我妈是会计，我考会计证是受了她的影响，现在看来对我就业任职很有好处。我性格天生乐观，与人沟通能力强，这些可能是我能胜任工作、受公司欢迎的原因吧。”

学校招生就业办的刘凤元老师说：“正如郭莉所说，学校除了看证书外，还看重沟通能力，比如她这个岗位，要求两个‘听明白说明白’，跟客户打交道，要听明白说明白；与工商局、税务局打交道，要听明白说明白。这是最起码的能力，否则连工作都没法开展。”金策开元公司先后接纳了学校10个毕业生，现在在公司工作的还有6个，郭莉已升为主管。公司陈老板信得过财院的学生，说：“以后财院的学生来，我不面试了。”

杜广智，2003届广告专业毕业生，取得了Adobe平面设计证书和Micromedia网页设计两个证书，现在中国农业银行从事计算机工作。

“我的这两个证书是学校组织报名考试的，利用周末、周日培训，共培训了几个月，就考下来了，现在广告业发展很快，但有些基础的东西必须掌握，将来不一定从事你所学的专业，要做多种准备，比如我的第二个证书‘网页设计’就与计算机有关系。求职时，人家总是要问一声有没有证、有没有驾本等，如果没有心里就着慌，有了证书，就多一份自信吧。”

马西西，2003届会计专业毕业生，取得了会计资格证书，现在环亚新业家具有限公司当会计。

“我到环亚求职时，人家第一句就问，有会计证吗？当时真是感到万幸，后来想想也是应该的，会计证书是从事财会职业的入门凭证，连会计证都没有，怎么进这个门呢？以前在学校学的做账、出纳、财务分析、财务管理和成本核算等，总觉隔一层，这一回在实际中才真正感受到了。财会工作是一项严谨的工作，任职后，我自己也变了很多，以前马虎、散漫、计划性不强，从事现任工作后，学会了计划做事，学会了严谨，学会了与人沟通。”

职业教育是培养面向基层生产、服务和管理第一线的高素质技术技能型人才。“双证书”是高素质技术技能型人才的知识、技能、能力和素质的体现和证明，特别是技术等级证书或职业资格证书是高等职业院校毕业生能够直接从事某种职业岗位的凭证。因此，实行“双证书”制度是高等职业教育自身的特性和实现培养目标的要求。

4. 职业技能鉴定

职业技能鉴定就是按照国家规定的职业标准，通过政府授权的考核鉴定机构，对劳动者的专业知识和技能水平进行客观公正、科学规范的评价与认证的活动。

职业技能鉴定是一项基于职业技能水平的考核活动，属于标准参照性考试，不是选拔性考试。它是由考试考核机构对劳动者从事某种职业所应掌握的技术理论知识和实际操作能力做出的客观的测量和评价。知识可以在课堂上进行讲授或灌输，而技能一定要在模拟条件下的实际操作中进行训练或培养。

职业技能鉴定分为专业知识要求考试和操作技能考核两部分。专业知识考试一般采用笔试，包括职业道德和专业理论知识两部分，并采用标准化答题的考试方式。技能要求考核一般采用现场操作加工典型工件、生产作业项目、模拟操作等方式进行。

在求职应聘的道路上，多一种职业资格证书，就可能多一种就业门路。因此，我们应马上行动，充分利用有限的在校学习时间，有计划地参加职业技能鉴定考试，以便获得必须具备的职业资格证书。

学生可按照学校的安排，包括交纳一定的费用，填写表格，准备制作证件的照片等，然后按时到指定地点参加考试，通过后由学校通知学生领取证书。

如果自己想在学校组织的职业资格鉴定活动之外再获得其他的职业资格证书，就需要通过校外途径。必要时还需经过专门的职业培训。按照职业技能鉴定指导中心的安排认真按时参与。

实践活动

1. 请在网上查找以下内容：

(1) 国家职业（技能）标准、职业技能鉴定规范（即考试大纲）和相应教材；

(2) 职业技能鉴定申请表，政府认定的考核鉴定机构、职业技能鉴定中心；

(3)《招用技术工种从业人员规定》。

2. 写出获得职业资格证书的具体步骤。

步骤 1：____

____

步骤 2：____

____

步骤 3：____

____

步骤 4：____

____

3. 根据本人所学专业，制定个人获得职业资格证书意向和实施计划。

职业资格证书名称	获取时间	申报条件

5. 职业与专业

为什么学这个专业、学完之后从事什么职业是我们必须解决的问题。高等职业院校目前实行的是由教育部2004年组织制定的《普通高等学校高职高专教育指导性专业目录》，它是国家对高职高专教育进行宏观指导的一项基本文件，是指导高等学校设置和调整专业，教育行政部门进行教育统计和人才预测等工作的重要依据，也可作为社会用人单位选择和接收毕业生的重要参考。2014年12月教育部职业教育与成人教育司公布了《高等职业学校专业目录》（修订二稿）。

目录所列专业是根据高职高专教育的特点，以职业岗位群或行业为主、兼顾学科分类的原则进行划分的，体现了职业性与学科性的结合，并兼顾了与本科目录的衔接。该目录分设农林牧渔、资源环境与安全、能源动力、土木建筑与水利、装备制造、材料、生物与化工、轻工纺织、食品与药品、交通运输、电子信息、医药卫生、财经商贸、旅游、文化艺术、新闻传播、教育与体育、安全与司法、公共服务与管理等19个大类。

现代社会里，一个人不经过专业学习，不掌握一定的专业知识和技能，就很难找到工作，更谈不上实现职业理想。对于每一个同学来说，抓住在校的学习机会，搞好专业学习，提高本专业技能，对实现职业理想具有重要意义。

（1）学好专业是顺利就业的必备条件。扎实的专业知识和技能，是就业从业的必备条件。无论在什么岗位上，没有一定的专业知识和专业技能，都无法履行岗位职责、完成工作任务，如学习机械制造类专业的毕业生看不懂图纸，不会使用量具；学习电气专业的毕业生不会使用仪器、仪表，看不懂电气设备图；学商务英语的不会口语，看不懂合同，又怎么能胜任工作呢？在就业竞争日趋激烈的形势下，只有具备扎实的专业知识和过硬的专业技能，才能在就业竞争中占有优势，为顺利就业创造有利条件。

（2）学好专业是实现职业理想的基础。只有完成学业，学好所学的专业，才能找到与专业相应的职业，并在职业舞台上，灵活运用专业知识，充分发挥专业特长，出色完成工作任务，提高工作效率。这些正是一个人职业生涯发展的基础，也是实现职业理想的基础。

随着高等教育大众化时代的到来，那些认为一上大学就能保证有一个好职业的想法早已不切实际了。上大学是为了提高自身素质，学习相关专业技能，为了顺利就业，为了个人职业发展。

首先应了解所修专业人才培养规格和主要特征。高职专业主要以职业岗位群划分专业，它是人才培养规格的标志。要清楚所修专业属于哪一个职业门类。如数控技术属于制造大类、机械设计制造类专业；服装设计属于轻纺食品大类、纺织服装类专业；国际商务属于财经大类、经济贸易类专业；等等。不同专业的人才培养规格会有很大差别，了解专业人才培养规格要搞清楚本专业面向哪些行业培养人才，也就是要明确人才进入的主要行业领域。

其次再明确为这些行业培养什么样的人才，即该专业的培养目标是什么。为个人职业发展提供哪些重要的知识、技能和综合素质要求。

实践活动

通过向辅导员、任课教师咨询，明确你所修专业行业特征和培养目标等，并把咨询内容填入下面横线处：

1. 所学专业职业大类：____

____

2. 就业方向：____

____

3. 培养目标：____

____

4. 毕业学分：____

____

5. 相关职业资格考级、考证要求：______________________________

____

第三节　职业生涯及规划

职业生涯，亦即事业生涯，是一个人一生工作职业的发展道路。如果你不知道你往哪里走，你就很难到达那里。如何科学合理地为自己制定一个职业生涯规划，这已成为高等职业院校学生现在和将来都要面对的人生课题之一。

一、职业生涯

1. 职业生涯内涵

职业生涯是指个人所从事工作创造出的、有目的的整个人生职业历程。职业生涯的这个定义中包含了一些重要的观念，它们对所有进行生涯规划的人都有着重要的现实意义。

“个人所从事”强调了生涯对个人而言是独特的。现实中，没有两个人有完全相同的职业生涯，因为生涯基于个人特定的历史和情境。

“工作”不仅限于有偿活动，在家照看老人和小孩、做义工或学习新技能都属于工作的范畴。对职业生涯专家而言，工作是一种活功，可以为自己或他人创造价值。

“创造出”在这里指生涯是一个人的愿望与可能性之间、理想与现实之间妥协和权衡的产物。生涯发展是一系列连续选择的结果，人们做出选择时，要权衡选择的收益和代价。对于一个人来说，没有完美的职业生涯，只有最适宜的职业生涯道路。

“有目的的”指职业生涯对个人来说是有意义和有价值的。职业生涯不是偶然发生的，它需要思考、规划、制定和执行。职业生涯因个人动机、抱负和目标而形成与发展，它反映了个人的价值观和信念。

“整个人生”指职业生涯不是作为一个事件或选择的结果而发生的事情，不是局限于或束缚于某特定的工作或职责的时间段。它本质上是持续一生的过程，受个人内在和外在力量的影响。

“职业历程”指生涯不仅是一个人的职业或工作，职业生涯是一个发展的概念，是一个动态的过程。它不仅包括一个人的过去、现在和未来那些可以实际观察到的、连续从事的职业发展过程。具体来说，职业生涯是以工作内容的确定与变化、职务的变动和晋升为标志，以满足需求为目标的工作经历和内心体验的经历。

综上所述，职业生涯是个体的概念，是个体的行为经历，而不是群体或组织的行为经历；职业生涯是职业的概念，实质是指一个人一生中的职业历程；职业生涯是时间的概念，指的是从业者的职业周期；职业生涯是发展、变化的概念，每个人具体的职业内容和职位是在不断发展变化的。它既体现着时间的长短，也反映着职业变更和发展的经历和过程。

2. 影响职业生涯的因素

职业生涯被看做一个完整的逐步发展的个人职业发展路径，必然受到个人因素、组织因素和社会因素等主观和客观方面的影响。

（1）个人因素。从个人角度出发，个人的教育水平、职业兴趣、价值观、抱负及家庭状况之间会有较大的差别。在现代社会中，不同的人会选择不同的职业，甚至相同职业的人们也会根据个人的爱好、价值观等选择适宜自身的发展路径。

家庭是个人职业生涯的重要影响、而且是无法控制的因素之一。家庭是人的第一所学校。个人由于受到家庭成员的影响和帮助，因此在生活态度、生活方式、价值观和行为模式等方面区别于其他人，从而影响到他的职业兴趣和爱好，对于个人职业技能的获得和职业风格的养成也产生重要影响。

教育是赋予个人才能、塑造个人人格、促进个人发展的社会活动。它奠定了一个人的基本素质。受教育程度不同的人在职业选择与被选择时，具有不同的特点。受教育经历这关系到一个人职业生涯开端与适应期是否良好，关系到以后的发展、晋升是否顺利。一专多能者、专业能力强的、技术技能水平高的，往往会得到更多的发展机会，在职业生涯发展中往往处于主动地位。

（2）组织因素。一个人在组织中工作，在组织中发展，组织是一个人赖以生存的地方。作为组织的成员，个人的成长发展无法脱离组织提供的环境条件。生涯是由个人选择决定，也是在组织提供的环境条件中加以实现的。组织为个人提供的工作岗位、工作条件和培训开发机会，以及相应的工作评价和工资报酬等直接影响到个人职业发展，可以认为组织为个人的职业生涯发展提供了平台。

企业文化决定了一个企业如何看待员工，员工的职业生涯也常被企业文化所左右，一个主张员工参与管理的企业显然比一个独断的企业能为员工提供更多的发展机会，渴望发展追求挑战的员工很难在论资排辈的企业中受到重用，缺乏合理的培训制度、晋升和考核机制，员工的职业发展就很难实现。

因此组织因素在职业生涯发展中常常被看做是个人发展的机遇，在不同的组织中，成员将会获得不同的发展机会。机遇是影响个人职业生涯的偶然因素，但对个人的职业生涯而言，有时又具有决定性作用，机遇是随机客观存在的，但机遇只垂青那些有准备的人。

（3）社会因素。社会环境是影响职业生涯的重要因素。社会的政治经济形势、社会文化与习俗、职业的社会评价，这些大环境因素决定社会职业岗位的数量与结构，也决定了人们对不同职业生涯的选择。

在经济发展水平高的地区，企业相对集中，个人职业选择的机会就比较多，因而有利于个人职业发展；反之，在经济落后地区，个人职业发展也会受到限制。在良好的社会文化环境中，个人能受到良好的教育和熏陶，从而为职业发展打下更好的基础。

常见的各种社会问题，如经济增长、衰退、企业重组、并购等，关系到现代社会中的每个人。政府通过出台各种积极促进就业的政策，在促进社会经济发展的同时，为人们安居乐业创造条件，影响着人们职业生涯的发展。

3. 职业生涯的分类

许多人以为职业生涯发展就是找到一份好工作，或是得到职位提升，或是增加工资，但这只是职业生涯发展的一部分。为了更好地理解职业生涯，美国职业生涯管理学家施恩（Schein）将职业生涯分为外职业生涯和内职业生涯。

外职业生涯是一个人在一生中所从事的各种工作职业的总称，是客观的职业。可以理解为我们从事职业时的工作单位、工作地点、工作内容、工作职务与职称、工作环境和工资待遇等因素的组合及变化过程。内职业生涯是人一生中的价值观、为人处世态度与动机变化的过程，同时也包括个人具有的能力、学识、观念、心理素质、经验、身体健康、内心感受等。

外职业生涯通常由别人决定、给予和认可，也容易被别人否定、剥夺，在外职业生涯中外因很重要。有的人一生疲于追求外职业生涯的成功，内心却极为痛苦，因为他们往往不了解，外职业生涯发展是以内职业生涯发展为前提条件的。与外职业生涯的构成因素不同，内职业生涯主要靠自己不断探索获得，在内职业生涯中内因为主导。内职业生涯的各构成因素内容一旦取得，别人便不可能收回或剥夺。内职业生涯是真正的人力资本所在，提高内职业生涯而取得的工作成绩，会转化为外职业生涯。

有人用一棵果树来比喻内外职业生涯。树干、树枝、树叶和果实等都属于外职业生涯，地下的根系就是内职业生涯。外职业生涯是显而易见的，谁都希望自己的职业生涯之树茁壮挺拔、枝繁叶茂、郁郁葱葱、硕果累累。但这样一棵参天大树不是凭空长成的，地下的庞大根系给了它强有力的支撑，汲取并输送着大树所需的营养。对自然界中的植物研究发现，环境越是恶劣，土壤越是贫瘠，越是需要更庞大的根系。而树干树冠的成长又促使树根向更广泛和纵深处发展，以汲取更多的水分和营养。这样树冠、树根交替发展，相互成全。正如内外职业生涯的关系，相互促进、相互发展。

这一大自然的规律告诉我们，要想叶茂、必须根深。内职业生涯的发展是外职业生涯发展的前提，内职业生涯发展带动外职业生涯的发展。内职业生涯在人的职业生涯成功乃至人生成功中具有关键性的作用。因而在职业生涯的各个阶段，我们都应重视内职业生涯的发展。对于尚未毕业的大学生来说，一定要把对内职业生涯各因素的追求看得比外职业生涯更加重要。

课堂讨论

有很多大学生去找工作的时候，经常问对招聘单位的人以下问题："一个月给我多少钱啊？有年终奖吗？包不包食宿？宿舍里能不能免费上网啊？"这些问题关心的是什么？

如果你问这样的问题："你们公司的经营理念是什么？员工需要什么样的观念和能力？公司能提供哪些培训？我能争取到什么样的锻炼机会？"这些问题关心的又是什么？

二、职业生涯规划

1. 职业生涯规划的含义

所谓职业生涯规划，是指个人根据对自身的主观因素和客观环境的分析、总结和测定，确立自己的职业生涯发展目标，选择实现这一目标的职业，制定相应的工作、培训和教育计划，并按照一定的时间安排，采取必要的行动实现职业生涯目标的过程。

一个人的职业生涯规划不仅仅取决于对自己的认识程度，还不能脱离社会现实和未来发展。只有在了解社会、认识自我的基础上，才能使我们的职业生涯规划制定得真实、具体。下面这个故事会给我们一些深刻的启示。

哲理故事

有三个人要被关进监狱三年，监狱长允许他们一人提一个要求。

美国人爱抽雪茄，要了三箱雪茄。

法国人最浪漫，要一个美丽的女子相伴。

而犹太人说，他要一部与外界沟通的电话。

三年过后，第一个冲出来的是美国人，嘴里鼻孔里塞满了雪茄，大喊道："给我火，给我火！"原来他忘了要火了。

接着出来的是法国人。只见他手里抱着一个小孩子，美丽女子手里牵着一个小孩子，肚子里还怀着第三个。

最后出来的是犹太人，他紧紧握住监狱长的手说："这三年来我每天与外界联系，我的生意不但没有停顿，反而增长了200%，为了表示感谢，我送你一辆劳斯莱斯！"

这个故事告诉我们，什么样的选择决定什么样的生活。今天的生活是由三年前我们的选择决定的，而今天我们的抉择将决定我们三年后的生活。我们要选择接触最新的信息，了解最新的趋势，从而更好地创造自己的未来。

2. 职业生涯规划的意义

（1）合理规划自己的职业生涯，是迈向成功的第一步。据一项调查表明，有 67.29 %的大学生确定了自己的职业定位，但是有 49.84 %的大学生对自己所选择的职业缺乏了解，从数字来看，有近一半的大学生没有进行过职业生涯规划。每个人的职业生涯只有有限的几十年，如果没有一个切合实际的规划，不要说难以取得大的成就，而且有时可能连工作也保不住。职业生涯规划是很有必要的，它能保证你在正确的道路上不断地发展自己。

（2）职业生涯规划为你提供了成功的技术与方法。职业生涯设计可使同学们充分认识自己，客观分析环境，科学树立目标，正确选择职业，运用适当的方法，采取有效的措施，克服职业生涯发展中的困阻，避免人生陷阱，获得事业的成功。然而，由于社会的快速变迁，经济竞争的不断加剧，一些不能体察时代变异和环境的人，在这种多变的时代往往手忙脚乱，不知所措，造成内心的惶恐，紧张不安，不知何去何从，其结果不仅事业无成，而且身心也受到严重的影响。因此，在新时代的变革中，应及早做好职业生涯设计，认清自己，并在开发自身内在潜能上不断探索和发展，正确掌握人生方向，创造成功的人生。

（3）职业生涯规划中的具体措施能帮助学生学会控制自己，指导学生在校学习。职业生涯规划主要由两个部分组成，一是目标的明确与分解；二是实现目标的措施与安排。具体措施能经常提醒自己珍惜时间，不断督促自己为职业理想的实现做出努力。

无论从事什么职业、从事什么工作，只要通过科学的职业生涯规划，都可能使一个人的目标得以实现，使一个人的事业获得成功，使一个平凡之人发展成为一个出色人才。每位同学都应确信，职业生涯规划是成才的一种有效方法。

实践活动

利用课余时间观看电影《阿甘正传》，并在班上分组报告观后感。

____

____

____

____

____

____

第二章 正确评估自我　迈出成功起点

核心提示

任何职业航程的起点都是了解自我。因为只有认识了自己，知道自己喜欢什么、擅长什么，才能对自己的职业做出正确的选择，才能选定适合自己发展的职业生涯路线，才能对自己的职业生涯目标做出最佳抉择。

名人名言

选择职业是人生的大事，因为职业决定了一个人的未来……选择职业，就是选择将来的自己。

——罗素

目前，我国对高校毕业生实行的是“市场导向、政府宏观调控、学校推荐、毕业生与用人单位双向选择”的就业政策。所以职业选择是一个双向的过程，它既包含求职者对职业岗位的选择，也包含职业岗位对求职者的选择。在职业仍是主要谋生手段的社会历史阶段，正确选择自己的职业生涯，直接影响到大学生的生命质量。因此，正确认识和处理职业生涯选择问题是很有必要的。

第一节　认识你自己

古希腊德尔菲神庙里的石碑上刻着象征人类最高智慧的神谕：认识你自己。苏格拉底把这句箴言作为自己的哲学原则，告诫人们不要专注于对身外之物的追求，而应去改造自己的灵魂，追求真理和智慧，成为道德完善的、真正的人。他认为，那些有自知之明的人知道什么东西适合他们，而且知道他们能够做什么和不能够做什么；通过做他们擅长的事情，他们既达到了目的又取得了成功；通过不做他们不擅长的事情，他们避免了错误并且逃脱了不幸。

在古老的东方哲学中，人类自我认识之关键也早已被提出。老子指出："知人者智，自知者明。"孙子曾说："知己知彼，百战不殆。"中国的老百姓人人都懂得"人贵有自知之明"。可见，认识自我乃是实现自我的首要条件，人类的自我认识是何其重要。

自我认识是职业生涯规划的基础。因为只有认识了自己，知道自己喜欢什么、擅长什么才能对自己的职业做出正确的选择，才能选定适合自己发展的职业生涯路线，才能对自己的职业生涯目标做出最佳抉择。虽然自我认识越详细越好，但我们认为职业价值观、职业兴趣、职业人格和职业能力是大学生进行职业生涯规划时最需要考虑的部分。

一、自我评估

自我评估就是对自己进行科学、全面、彻底的解剖，自我评估的目的是认识自己、了解自己。职业的选择，是大学生人生事业发展的起点，选择正确与否，直接关系到人生事业的成功与失败，任何职业航程的起点都是了解自我。要透彻地了解自己的喜好和憎恶的事物，优点和弱点，价值观及其他性格特征。对选择正确的职业道路而言，这是至关重要的。

不同的择业者有不同的职业适应范围，不同的职业对人有不同的要求，两方面的最佳结合就是择业者的个人特征与职业对人的要求相匹配。因此，弄清个人特征是科学地选择职业的基本条件。就大学生进行职业规划设计而言，以下几个方面是自我评估的主要内容：

（1）职业价值观——最看重什么。

（2）职业兴趣——喜欢做什么。

（3）职业能力——能够做什么。

（4）职业人格——最擅长做什么。

自我评估的方法是通过自己回答有关问题来认识自己、了解自己，比较简单方便。但需要注意的是，测试题目必须是心理学家经过精心研究设定的，而且个人在回答时一定要反映自己真实的想法。测试可以采用问卷测试和在线软件测试的方式。现在这方面的书籍和网站很多，但在选择时要注意考察其科学性和实效性。

判断一个人是否成功，是主要是看他是否最大限度地发挥了自己的优势，最大限度地发挥自己的优势是职业生涯设计成功的重要依据。要想在职业生涯方面获得成功，必须先要学会正确认识自己，发现自身禀赋和优势。在职业生涯规划设计中，如果能根据自身优势选择职业，并把优势如能力、兴趣、性格等发挥到极致，就会事半功倍，如鱼得水。

二、自我评估应注意的几个问题

1. 自我评估应该客观适当

不适当的自我评估不是过高的评价就是过低的评价。过高的评价往往使自己脱离现实，意识不到自己的条件限制，甚至自傲狂妄，由自信走向自负。过低的自我评价，往往忽视自我的长处，缺乏自信，过于自卑。过高或过低的自我评价，对自己都是不公正的。虽然是自己对自己进行观察、分析和评价，但也应该以客观事实为依据，才有可能使自我评价趋于客观、真实。

2. 自我评估应当全面

在对自己评估时，既要看到优点和长处的一面，又要看到缺点和短处的一面；既要对某一方面的特殊素质进行具体评估，又要对其他各个方面的整体素质进行综合评估；既要考虑到全面的整体因素，又要考虑到其中占主导地位的重点因素。反之，任何一种片面的、孤立的、不分主次的自我评估，显然都不可能全面而正确地反映自己的整体素质状况。

第二节 职业价值观

研究结果发现，价值观的确是影响生涯决策的因素之一，并且价值观与随后的工作满意度水平有关。当人们依循自己的价值观生活时，会有最大限度的幸福感和自尊感。

一、职业价值观

每个人的理想、信念和世界观是不同的。价值观对人生有着重要的影响，价值观在职业选择上的体现就是职业价值观。职业价值观又名工作价值观或择业观，是人们进行职业评价和选择的标准，对择业行为起着指导和决定性作用，甚至超过了兴趣和人格对个人的影响。

职业价值观指人生目标和人生态度在职业选择方面的具体表现，也就是一个人对职业的认识和态度以及他对职业目标的追求和向往。俗话说："人各有志。"这个"志"表现在职业选择上就是职业价值观，它是一种具有明确的目的性、自觉性和坚定性的职业选择的态度和行为，对一个人职业目标和择业动机起着决定性的作用。

在为自己做职业生涯规划之前，一定要清楚和明确自己的职业价值观。职业价值观决定了哪些因素对你是重要的，哪些是不重要的；哪些是你优先考虑和选择的，哪些不是。请阅读下面的故事，看一看价值观对选择结果的影响。

资料链接

离开还是靠近

在一场讲授如何做好人生规划的专业课中，老师问学生："假设你一个人外出旅游，来到了一个峡谷，发现几米深的地方有一个手提包，而且手提包是打开的，里面明显装着一沓钞票，同时，你还发现，在悬崖边有一些看起来长得不是很牢固的树根，这树根可以帮助你到达手提包的位置，拿到这笔意外的财富，当然，你更有可能因此而被摔断脖子。请问：你会选择离开还是靠近?"

一半以上的学生选择了离开，毕竟，再多的财富也比不上可贵的生命。

老师没有发表意见，继续问："如果那个装钱的手提包换成一个失足落下的小男孩，他此时奄奄一息地发出求救的呼唤——你又会怎么选择呢?"学生们考虑了几秒钟后，全部选择了靠近。

"面对相同的环境，相同的危机，相同的后果，你们却做出了不同的选择，这是为什么呢?"老师问。

"因为目标不同，一个目标是为了取得财富，一个目标却是为了营救生命，相比较当然生命要比财富重要。"一个学生说。

"只是因为个人所设定的目标不同，所以你们的价值观也就不同了。现在，我们换个内容。"老师接着说，"如果你有一个心仪的女朋友，你希望能和她厮守终身，但对方却不这样认为，也许她不是真的喜欢你。这时候，如果你一意孤行地付出自己的情感，那么结局会有两个：要么她被你感动，被动地和你在一起，但这段感情可能随时都会出现问题；要么她仍旧冷漠地离开了你，任你对她再好也没有用——这时，你是选择毅然离开，还是坚持靠近?"

学生陷入了两难的思考。毕竟，面对自己所爱（甚至可能是此生唯一的爱情），在尚未出现绝望的信号之前，怎能轻易放弃？有些人甚至想，只要能够挽回恋人的心，自己牺牲一切也在所不惜。

"假若角色互换，"老师看到大家都不吭声，于是话题一转，"你是那个被人苦苦追求的女孩，在你根本没有打算接纳对方的前提下，你会选择离开，叫对方彻底死心，还是选择靠近，听任感情自由发展?"

互换了角色之后，学生们变得不再迟疑，纷纷表示："既然不爱人家，就该及早离开，免得耽误了对方的青春和幸福!"老师微笑着说："既然你们能够明白，在不喜欢一个人的时候，一定要给对方一个明确的答复，不要耽误、伤害别人，那么易地而处，当你是一个追求者时，又何必甘愿自己深陷泥沼之中，糟蹋自己的青春与幸福呢?"学生们噤声不答，过了几秒钟后，他们提出了这样的疑问："请问老师，我们今天讨论的课题与人生规划之间有什么直接的关系吗?"

老师平和而掷地有声地说："在人生的课题中，离开与靠近是一门很大的学问，有很多人在面对问题的时候，本该离开却选择了靠近，本该靠近的却又选择了离开，所以他们的人生路途，走得跌跌撞撞痛苦不堪。如果你们连分辨离开与靠近的智慧都没有，分不清什么是'势在必行'，什么又是'势所不行'，那么所有的人生规划都将沦为空谈，再怎么学也是枉然啊!”

由于各种职业在劳动强度和性质上，在劳动条件和待遇上等方面存在差别，在人们心目中各种不同的职业便有好坏高低之分，这些评价就是人们的职业价值观，它影响着人们对就业方向和具体职业岗位的选择。

二、职业价值观的特点

1. 职业价值观的多样性

根据择业动机，我们可以发现职业价值观主要有以下几种类型：追求自身价值实现；追求或展示自己兴趣、特长；追求收入与财富；追求稳定的环境；追求自由、独立等。总之，随着市场经济和社会转型的加剧，传统的职业价值观念在改变，一个完整统一的价值规范在职业选择领域也难存在。据研究者调查，在职业选择上，57%的大学生优先考虑的因素是“个人理想和价值的实现”，另外分别有35%和29%的人选择“工作环境”和“个人收入水平”。分别有51%和43%的学生以“社会承认度”和“自己是否喜欢所从事的职业”来衡量事业成功，18%的学生认为“安贫乐道是无奈的选择和懦弱无能的表现”。说明了职业价值观的多样性。

2. 职业价值观的现实性

当前，在就业领域很多学生把第一份甚至第二份工作看做是短期过渡的谋生手段，先就业再择业、创业的职业发展模式正在逐渐形成。高校的教育者和社会政策的主导者，也在大力提倡先就业，再择业的模式，这并非有什么理论化或科学化的根据，说到底就是现实的需要。在一个供大于求或者劳动力市场竞争激烈的情况下，最现实的就是要找到一份饭碗，先有饭吃，再去想办法吃多、吃好。这种职业价值观使得大学生在职业选择上，改变以往“干一行，爱一行”的态度，就业过程从“一步到位”转向“逐步到位”。

3. 职业价值观的变化性

马斯洛提出人有五个层次的需求：生理需求、安全需求、归属需求、尊重需求和自我实现的需求。只有当低层次的需求得到基本满足之后，个人才能关注并致力于下一个层次的需求。或者说，个人由于所处的生涯发展阶段、家庭和社会环境的不同，人们的需求会发生变化，从而会导致职业价值观的变化。如刚毕业的大学生，大多希望把高收入作为自己的首要目标，因为在这个年龄段，会面临购房、结婚等现实问题；等工作十几年以后，有不少人会意识到，仅是为了收入而工作是件很痛苦的事，这时在进行职业选择时，高收入就不一定排在第一位了。因此可以看出，当人们的需求发生变化时，在职业领域所看重的东西，也就是职业价值观发生了改变。

三、职业选择时应处理好的关系

1. 处理好职业价值观与收入的关系

收入是一种成就的报酬，它是在确定职业价值观时首先要面对的问题。有些经济条件不太好的大学毕业生在求职时，将收入作为首选价值观，从根本上讲这并不错。但是对于一些人来说，现在拥有的知识、能力、经验和阅历还不足以使其一走上社会就获得大量金钱回报。怀有一夜暴富的心理是不正常的，更是危险的，容易被社会上的不法分子利用，甚至误入歧途。特别是面对严峻的就业形势，更应理性地降低对收入的期望值，把眼光放远一些，应尽可能地将自我成长和自我实现作为在毕业求职时的首选价值观。

2. 处理好职业价值观与个人兴趣和能力的关系

职业价值观、个人兴趣和职业能力是人们在择业时需要考虑的最重要的三个因素。在确定价值观时，一定要考虑它是否与自己的兴趣和能力相适应。据调查，如果从事自己不喜欢的工作，有 80%的人难以在他选择的职业上成功；而如果选择了自己喜欢的工作则可以充分调动人的潜能，获得职业发展的原动力。此外，选择一项自己擅长的工作，也会事半功倍。

3. 处理好职业价值观的排序与取舍的问题

职业价值观的特性决定人们不会只有唯一的职业价值观，人性的本能也会驱使人们希望什么都能得到，但在现实生活中“鱼和熊掌是不可兼得的”。然而，在职业选择中，人们却不能理性对待。既然是选择，就要付出代价，只有舍，才能得。所以，要对自己的职业价值观进行排序，找出你认为最重要、次重要的方面，并提醒自己不可能什么都得到。否则就会患得患失，终其一生也不清楚自己到底想要什么，更谈不上职业生涯的成功和对社会的贡献了。

四、澄清你的职业价值观

确定了价值观可以分为三个阶段。第一阶段是选择一个价值观，包括自由地选择一个价值观，不考虑他人的压力，也不考虑其他的价值观，然后思考每一个选择的后果；第二阶段是珍视你的价值观，包括珍爱和喜欢你的价值观，愿意在合适的时候向他人公开声明自己的选择；最后一个阶段是依照你的价值观行动，包括做出一些与你的选择有关的行为（例如投票），不断以一种与你的价值观选择相一致的模式行动。

下面有 10 个与工作有关的价值观，它可以帮助一个人澄清在某个工作中所能得到的回报和满足。这 10 种价值观包括：

（1）工资高、福利好。

（2）工作环境（物质方面）舒适。

（3）人际关系良好。

（4）工作稳定有保障。

（5）能提供较好的受教育机会。

（6）有较高的社会地位。

（7）工作不太紧张、外部压力少。

（8）能充分发挥自己的能力特长。

（9）社会需要与社会贡献大。

（10）能从事自己感兴趣的工作。

有关方面的专家通过调查，按照人们的职业价值观把职业分成六大类，具体见表2—1：

表 2—1　　按职业价值观对职业的分类

职业价值观	特　点	相应职业类型
自由型	不受别人指使，凭自己的能力拥有自己的小“城堡”，不愿受人干涉，想充分施展本领	室内装饰专家、图书管理专家、摄影师、音乐教师、作家、演员、记者、诗人、作曲家、编剧、雕刻家、漫画家等
小康型	追求虚荣，优越感也很强。很渴望能有社会地位和名誉，希望常常受到众人尊敬欲望得不到满足时，由于过于强烈的自我意识，有时反而很自卑	记账员、会计、银行出纳、法庭速记员、成本估算员、税务员、核算员、打字员、办公室职员、统计员、计算机操作员、秘书等
支配型	想当上组织的一把手，飞扬跋扈，无视他人的想法，为所欲为，且视此为无比快乐	推销员、进货员、商品批发员、旅馆经理、饭店经理、广告宣传员、调度员、律师、政治家、零售商等
自我实现型	不关心平常的幸福，一心一意想发挥个性，追求真理。不考虑收入、地位及他人对自己的看法，尽力挖掘自己的潜力，施展自己的本领，并视此为有意义的生活	气象学者、生物学者、天文学家、药剂师、动物学者、化学家、科学报刊编辑、地质学者、植物学者、物理学者、数学家、实验员、科研人员、科技作者等
志愿型	富于同情心，把他人的痛苦视为自己的痛苦，不愿干表面上哗众取宠的事，把默默地帮助不幸的人视作无比快乐	社会学者、导游、福利机构工作者、咨询人员、社会工作者、社会科学教师、护士等
技术型	认为立足社会的根本在于一技之长。因此钻研一门技术，认为靠本事吃饭既可靠，又稳当	木匠、农民、工程师、飞机机械师、野生动物专家、自动化技师、机械工、电工、火车司机、公共汽车司机、机械制图员等

实践活动

WVI 职业价值观澄清测量表

WVI 职业价值观测试量表是美国心理学家舒伯于 1970 年编制的，用来衡量价值观（工作中和工作以外的）以及激励人们工作。量表将职业价值分为三个维度：一是内在价值观，即与职业本身性质有关的因素；二是外在价值观，即与职业性质有关的外部因素；三是外在报酬，共计 13 个因素：利他主义、美感、智力刺激、成就感、独立性、社会地位、管理、经济报酬、社会交际、安全感、舒适、人际关系、变异性或追求新意（后面有详细解释）。

指导语：下面有52道题目（见表1），每个题目都有5个备选答案，请根据自己的实际情况或想法，在题目后面选出相应字母，每题只能选择一个答案。通过测验，你可以大致了解自己的职业价值观念倾向。A. 非常重要；B. 比较重要；C. 一般；D. 较不重要；E. 很不重要。

WVI 职业价值观测试量表

	A	B	C	D	E
1. 你的工作必须经常解决新的问题。					
2. 你的工作能为社会福利带来看得见的效果。					
3. 你的工作奖金很高。					
4. 你的工作内容经常变换。					
5. 你能在你的工作范围内自由发挥。					
6. 工作能使你的同学、朋友非常羡慕你。					
7. 工作带有艺术性。					
8. 你的工作能使人感觉到你是团体中的一分子。					
9. 不论你怎么干，你总能和大多数人一样晋级和长工资。					
10. 你的工作使你有可能经常变换工作地点、场所或方式。					
11. 在工作中你能接触到各种不同的人。					
12. 你的工作上下班时间比较随便、自由。					
13. 你的工作使你不断获得成功的感觉。					
14. 你的工作赋予你高于别人的权力。					
15. 在工作中，你能试行一些自己的新想法。					
16. 在工作中你不会因为身体或能力等因素，被人瞧不起。					
17. 你能从工作的成果中，知道自己做得不错。					
18. 你的工作经常要外出，参加各种集会和活动。					
19. 只要你干上这份工作，就不再被调到其他意想不到的单位和工种上去。					
20. 你的工作能使世界更美丽。					
21. 在你的工作中，不会有人常来打扰你。					
22. 只要努力，你的工资会高于其他同年龄的人，升级或长工资的可能性比干其他工作大得多。					
23. 你的工作是一项对智力的挑战。					
24. 你的工作要求你把一些事务管理得井井有条。					
25. 你的工作单位有舒适的休息室、更衣室、浴室及其他设备。					
26. 你的工作有可能结识各行各业的知名人物。					
27. 在你的工作中，能和同事建立良好的关系。					
28. 在别人眼中，你的工作是很重要的。					

续前表

	A	B	C	D	E
29. 在工作中你经常接触到新鲜的事物。					
30. 你的工作使你能常常帮助别人。					
31. 你在工作单位中，有可能经常变换工作。					
32. 你的作风使你被别人尊重。					
33. 同事和领导人品较好，相处比较随便。					
34. 你的工作会使许多人认识你。					
35. 你的工作场所很好，比如有适度的灯光，安静、清洁的工作环境，甚至恒温、恒湿等优越的条件。					
36. 在工作中，你为他人服务，使他人感到很满意，你自己也很高兴。					
37. 你的工作需要计划和组织别人的工作。					
38. 你的工作需要敏锐的思考。					
39. 你的工作可以使你获得较多的额外收入，比如常发实物、常购买打折扣的商品、常发商品的提货券、有机会购买进口货等。					
40. 在工作中你是不受别人差遣的。					
41. 你的工作结果应该是一种艺术而不是一般的产品。					
42. 在工作中不必担心会因为所做的事情领导不满意，而受到训斥或经济惩罚。					
43. 在你的工作中能和领导有融洽的关系。					
44. 你可以看见你的努力工作的成果。					
45. 在工作中常常要你提出许多新的想法。					
46. 由于你的工作，经常有许多人来感谢你。					
47. 你的工作成果常常能得到上级、同事或社会的肯定。					
48. 在工作中，你可能做一个负责人，虽然可能只领导很少几个人，你信奉“宁做兵头，不做将尾”的俗语。					
49. 你从事的那种工作，经常在报刊、电视中被提到，因而在人们的心目中很有地位。					
50. 你的工作有数量可观的夜班费、加班费、保健费或营养费。					
51. 你的工作比较轻松，精神上也不紧张。					
52. 你的工作需要和影视、戏剧、音乐、美术、文学等艺术打交道。					

评分与评价：

上面的52道题分别代表十三项工作价值观。每个A得5分、B得4分、C得3分、D得2分、E得1分。请你根据下面评价表中每一项前面的题号，计算每一项的得分总数，并把它填在每一项的得分栏上。然后在表格下面依次列出得分最高和最低的三项。

评价表

题号	得分	价值观	说明
2，30，36，46		利他主义	工作的目的和价值，在于直接为大众的幸福和利益尽一份力。
7，20，41，52		美感	工作的目的和价值，在于能不断地追求美的东西，得到美感的享受。
1，23，38，45		智力刺激	工作的目的和价值，在于不断进行智力的操作，动脑思考，学习以及探索新事物，解决新问题。
13，17，44，47		成就感	工作的目的和价值，在于不断创新，不断取得成就，不断得到领导与同事的赞扬，或不断实现自己想要做的事。
5，15，21，40		独立性	工作的目的和价值，在于能充分发挥自己的独立性和主动性，按自己的方式、步调或想法去做，不受他人的干扰。
6，28，32，49		社会地位	工作的目的和价值，在于所从事的工作在人们的心目中有较高的社会地位，从而使自己得到了别人的重视与尊敬。
14，24，37，48		管理	工作的目的和价值，在于获得对他人或某事物的管理支配权，能指挥和调遣一定范围内的人或事物。
3，22，39，50		经济报酬	工作的目的和价值，在于获得优厚的报酬，使自己有足够的财力去获得自己想要的东西，使生活过得较为富足。
11，18，26，34		社会交际	工作的目的和价值，在于能和各种人交往，建立比较广泛的社会联系和关系，甚至能和知名人物结识。
9，16，19，42		安全感	不管自己能力怎样，希望在工作中有一个安稳局面，不会因为奖金、长工资、调动工作或领导训斥等经常提心吊胆、心烦意乱。
12，25，35，51		舒适	希望能将工作作为一种消遣、休息或享受的形式，追求比较舒适、轻松、自由、优越的工作条件和环境。
8，27，33，43		人际关系	希望一起工作的大多数同事和领导人品较好，相处在一起感到愉快、自然，认为这就是很有价值的事，是一种极大的满足。
4，10，29，31		变异性或追求新意	希望工作的内容应该经常变换，使工作和生活显得丰富多彩，不单调枯燥。

得分最高的三项是：1. __________；2. __________；3. __________。

得分最低的三项是：1. __________；2. __________；3. __________。

从得分最高和最低的三项中，可以大致看出你的价值倾向，在选择职业时就可以加以考虑。

第三节　职业兴趣

兴趣是人们为了乐趣或享受而做的那些事，是个人对某专业或职业的喜爱程度。职业兴趣不是天生的，它的形成与人们所处的历史条件、实践活动和对自身能力的认识有着密切的关系。

一、职业兴趣对职业生涯规划的影响

兴趣是职业生涯选择的重要依据。兴趣是最好的老师，是一种强大的精神力量。兴趣可以使人集中精力去获得你所喜欢的职业知识，启迪智慧并创造性地开展工作。当一个人对某种职业发生兴趣时，他就能发挥整个身心的积极性；就能积极地感知和关注该职业知识、动态，并且积极思考、大胆探索；具有一定兴趣类型的你更倾向于寻找与此有关的职业，特别是在外界环境限制较小时，你更倾向于选择自己感兴趣的职业。

兴趣可以提高你的工作效率，充分发挥你的才能。个人对某一方面的工作有兴趣时，枯燥的工作会变得丰富多彩、趣味无穷。兴趣使工作不再是一种负担，而是一种享受。因为兴趣可以调动人的全部精力，以敏锐的观察力、高度的注意力、深刻的思维和丰富的想象力投入工作，促进你能力的发挥，兴趣和能力的合理结合会大大提高工作效率。曾有人进行过研究：如果你从事自己感兴趣的职业，则能发挥你的全部才能的80%～90%，而且长时间保持高效率而不感到疲劳；而对所从事工作没有兴趣，只能发挥你全部才能的20%～30%。

兴趣是保证职业稳定、职场成功的重要因素。兴趣是工作动力的主要源泉之一。对于一个人来说，对工作感兴趣，就愿意钻研，就会出成就。一般来说，兴趣是你职业生涯适应的一个基本方面，可以为职业生涯选择提供有效的信息。兴趣主要用于预测你的工作满意感和工作稳定性，工作满意是职业生涯适应的一大标志。此外，多方面的兴趣可以使人善于应付多变的环境。如需变换工作，只要自己感兴趣，就能够很快地学会这门工作，求职成功，并能够在新的岗位很快地熟悉和适应新的工作。因此，兴趣是职场成功的一个重要因素，它能将你的潜能最大限度地调动起来，使你长期专注于某一方向，做出艰苦的努力，取得令人注目的成绩。

一个人如果能根据自己的爱好去选择生涯，他的主动性将会得到充分发挥。即使十分疲倦和辛劳，也总是兴致勃勃，心情愉快；即使困难重重也绝不灰心丧气，而能想尽办法，百折不挠地去克服它，甚至废寝忘食，如醉如痴。爱迪生就是个很好的例子。他几乎每天都在实验室里辛苦工作十几小时，在那里吃饭、睡觉，但丝毫不以为苦。“我一生中从未间断过一天工作，”他宣称，“我每天其乐无穷。”难怪他会成功。

对某项职业有浓厚的兴趣是成功的前提，但事业要取得成功也必须具备该职业所要求的能力。因此在培养职业兴趣的同时也要客观评价从业者的能力，看其是否适合某种职业。在此基础上形成的职业兴趣才是长久的。因此无论是职业指导者，还是从业者很有必要掌握一定的客观评价方法。

二、职业兴趣与职业的匹配

不同的人有不同的兴趣，有的人对研究自然科学感兴趣，有的人对艺术创作感兴趣，有的人则对技能操作感兴趣等。

不同的职业需要不同的兴趣特征，一个擅长技能操作的人，靠他灵巧的双手，在技能操作领域得心应手，但如果硬要他把兴趣转移到书本的理论知识上来，他就会感到无用武之地。兴趣是职业选择应考虑的重要因素。

职业兴趣理论主要是由美国著名的职业指导专家约翰·霍兰德提出和发展。他认为人的一生中，面临许多选择，职业方面的选择是关乎一生幸福的重要内容之一。这其中职业兴趣起到了极为重要的影响。

新闻摘录

周浩：北大高才生缘何转学到技师学院？

新华网北京2月18日电（记者徐博）2014年11月4日，第六届全国数控技能大赛开幕式在北京工业技师学院举行。会场上，一个看起来很沉稳的男选手正代表参赛选手宣誓，他就是周浩。在本届大赛中，他一举获得冠军，也迎来了自己人生最出彩的一天。

3年前，周浩做出了一个惊人的决定：从北京大学退学，转学到北京工业技师学院。“离开北京大学，是因为我不适合那个专业。”周浩告诉记者，那一年，他高考总分660多，名列青海省理科第5名。

“我从小就喜欢拆卸机械，家里的电器都被我重新组装过。”然而，因为自己当时年纪小，缺乏判断能力，周浩还是听从了长辈的安排，填报了北京大学的生命科学专业。

随着时间的推移，周浩愈加感觉专业不适合自己。大二那一年，周浩说服了父母，选择了休学到深圳打工。周浩在深圳当过电话接线员、销售员，甚至还做过流水线工人。

周浩发现，人们并不会因为他是名牌大学的学生就尊敬他。而要赢得大家的尊重，唯一能征服大家的，就是在某一技术环节或者操作环节攻得下难关。

“当别人都搞不定，而唯独我能搞定的时候，我就很享受工友们拍着我的肩膀说，你真行。”周浩告诉记者，打工中，自己对中国技能工人的疾苦有了切肤之感；在制造业的流水线上，自己也亲眼看到了中国制造同世界先进国家的差距。

回到北京大学，周浩找到了系里的领导，提出了退学的想法。2011年的那个冬天，周浩打了一辆出租车，径直奔向了北京工业技师学院。

“你真的是从北京大学退学的？”在北京工业技师学院的招生办公室里，招生老师一边惊讶地询问着周浩，一边给北京大学学生处打去电话：“周浩是从你们学校退学的吗？这孩子在你们学校没犯过什么事儿吧？”

“验明正身”后，周浩被带到北京工业技师学院院长童华强面前，童华强只问了周浩一句："你想学什么专业?"

"我想学数控。"周浩的回答同样直截了当。

北京工业技师学院拥有国内最先进的数控机床设备，实验室十几台瑞士进口的数控机器和德国德玛吉五轴加工中心，都可以直接上手亲自操作，这一切都令周浩兴奋不已。

一个有理想、有抱负的周浩，终于在北京工业技师学院找到了用武之地。在实训车间里，周浩如鱼得水，每天痴迷地趴在机床前，设计各种编程，加工各种零部件。

每天，周浩都是一身油污在机床上下钻来钻去，把老师教过的技术重复练习。很快，周浩便成了小班中项目完成速度最快、质量最好的学生，这让周浩重新找到了快乐，重新找到了自信。

在周浩的微信朋友圈里，记者看到了周浩设计并制作完成的最新式的坦克模型、纯手绘的图纸、用巧克力包装盒制作的倒车镜、1330个零件全结构可动的汽车模型……

"如果一辈子都要让我做自己不喜欢的事，我的一生就毁了。"周浩说，为什么人们对鲁迅当年弃医从文的举动能够理解，而对他放弃北京大学就读技工学校的行为却有如此多的猜忌呢？总有一天，人们会明白，他的选择是对的。

"除了强大自己，我别无选择。"周浩说，"我们国家在前几次工业革命中，已经被远远地甩在了后面，如果在新的一轮工业革命中不迎头赶上，我们将永远跟在人家屁股后面，一直被压制在产业链的最末端。"

周浩说，自己只想向同龄人传递这样一个信息：如果不想承受民族的苦难，我们必须在工业革命的大生产中奋然崛起。

根据霍兰德的观点：一个人的职业兴趣会极大影响职业的适宜度。当他从事的职业与其兴趣相吻合时，就可能发挥最佳水平，易于做出成就；反之则可能感到极不适应或者毫无兴趣，即使取得一定成绩也难以获得成就感。霍兰德经过大量的分析研究，把职业兴趣分为六种基本类型，我们每个人都归属于其中的一种或几种类型。六种职业兴趣类型简述如下：

1. 社会型（S）

共同特征：喜欢与人交往、不断结交新的朋友、善言谈、愿意教导别人。关心社会问题、渴望发挥自己的社会作用。寻求广泛的人际关系，比较看重社会义务和社会道德。

典型职业：要求与人打交道的工作，能够不断结交新的朋友，从事提供信息、启迪、帮助、培训、开发或治疗等事务，并具备相应的能力。如教育工作者（教师、教育行政人员），社会工作者（咨询人员、公关人员）。

2. 事业型（E）

共同特征：追求权力、权威和物质财富，具有领导才能。喜欢竞争、敢冒风险、有野心、抱负。为人务实，习惯以利益得失，权利、地位、金钱等来衡量做事的价值，做事有较强的目的性。

典型职业：要求具备经营、管理、劝服、监督和领导才能，以实现机构、政治、社会及经济目标的工作，并具备相应的能力。如项目经理、销售人员，营销管理人员、政府官员、企业领导、法官、律师。

3. 常规型（C）

共同特点：尊重权威和规章制度，喜欢按计划办事，细心、有条理，习惯接受他人的指挥和领导，自己不谋求领导职务。喜欢关注实际和细节情况，通常较为谨慎和保守，缺乏创造性，不喜欢冒险和竞争，富有自我牺牲精神。

典型职业：要求注意细节、精确度、有系统有条理，具有记录、归档、据特定要求或程序组织数据和文字信息的职业，并具备相应的能力。如秘书、办公室人员、记事员、会计、行政助理、图书馆管理员、出纳员、打字员、投资分析员。

4. 实际型（R）

共同特点：愿意使用工具从事操作性工作，动手能力强，做事手脚灵活，动作协调。偏好于具体任务，不善言辞，做事保守，较为谦虚。缺乏社交能力，通常喜欢独立做事。

典型职业：喜欢使用工具、机器，需要基本操作技能的工作。要求具备机械方面才能、体力，与物件、机器、工具、运动器材、植物、动物相关的职业，并具备相应的能力。如技术性职业（计算机硬件人员、摄影师、制图员、机械装配工），技能性职业（木匠、厨师、技工、修理工、农民、一般劳动）。

5. 研究型（I）

共同特点：思想家而非实干家，抽象思维能力强，求知欲强，肯动脑，善思考，不愿动手。喜欢独立的和富有创造性的工作。知识渊博，有学识才能，不善于领导他人。考虑问题理性，做事喜欢精确，喜欢逻辑分析和推理，不断探讨未知的领域。

典型职业：喜欢智力的、抽象的、分析的、独立的定向任务，要求具备智力或分析才能，并将其用于观察、估测、衡量、形成理论、最终解决问题的工作，并具备相应的能力。如科学研究人员、教师、工程师、电脑编程人员、医生、系统分析员。

6. 艺术型（A）

共同特点：有创造力，乐于创造新颖、与众不同的成果，渴望表现自己的个性，实现自身的价值。做事理想化，追求完美，不重实际。具有一定的艺术才能和个性。善于表达、怀旧、心态较为复杂。

典型职业：喜欢的工作要求具备艺术修养、创造力、表达能力和直觉，并将其用于语言、行为、声音、颜色和形式的审美、思索和感受，具备相应的能力。不善于事务性工作。如艺术方面（演员、导演、艺术设计师、雕刻家、建筑师、摄影家、广告制作人），音乐方面（歌唱家、作曲家、乐队指挥），文学方面（小说家、诗人、剧作家）。

职业咨询专家认为，职业兴趣与从事职业相吻合是最理想的情况，一个人如果能根据自己的爱好去选择职业生涯，他的主动性将会得到充分发挥。因此，在选择长期、稳定的职业生涯时，不仅需要知道自己有能力从事什么样的工作，更重要的是需要知道自己对哪类工作感兴趣。只有将能力和兴趣结合起来考虑，才更有可能规划好职业生涯并取得职业生涯的成功。

对应届毕业生和工作经验较少的人，职业兴趣对职业的选择和规划都起到了最为重要的作用，可以将霍兰德的职业兴趣测试作为主要工具进行职业生涯的设计，以利于发挥出自己的能力。

实践活动

请仔细阅读下面的《霍兰德职业倾向测验量表》，本测量表将帮助你发现和确定自己的职业兴趣和能力特长，从而更好地做出求职择业的决策。本测验共七个部分，每部分测验都没有时间限制，但请您尽快按要求完成。

第一部分　您心目中的理想职业（专业）

对于未来的职业（或升学进修的专业），您得早有考虑，它可能很抽象、很朦胧，也可能很具体、很清晰。不论是哪种情况，现在都请您把自己最想干的3种工作或想读的3种专业，按顺序写下来，并说明理由。请在所填职业/专业的右侧按其在你心目中的清晰程度或具体程度，按从很朦胧/抽象到很清晰/具体分别用1、2、3、4、5来表示，如5分表示它在你心中的影像非常清晰。

1. 职业/专业：________________________清晰/具体程度：__________

理由：____

2. 职业/专业：________________________清晰/具体程度：__________

理由：____

3. 职业/专业：________________________清晰/具体程度：__________

理由：____

以下第二、三、四部分每个类别下的每个小项皆为是/否选择题，请选出比较适合你的，与你的情况相符的项目，并按有一项适合的计1分的规则统计分值将相应分值填写在第六部分的统计项目中。

第二部分　您所感兴趣的活动

下面列举了若干种活动，请就这些活动判断你的好恶。喜欢的，计1分，不喜欢的不计分。请将答案直接写在第六部分的统计项目中。

R：实际型活动	A：艺术型活动
1. 装配修理电器或玩具	1. 素描/制图或绘画
2. 修理自行车	2. 参加话剧/戏剧
3. 用木头做东西	3. 设计家具/布置室内
4. 开汽车或摩托车	4. 练习乐器/参加乐队
5. 用机器做东西	5. 欣赏音乐或戏剧
6. 参加木工技术学习班	6. 看小说/读剧本
7. 参加制图描图学习班	7. 从事摄影创作
8. 驾驶卡车或拖拉机	8. 写诗或吟诗
9. 参加机械和电气学习班	9. 进艺术（美术/音乐）培训班
10. 装配修理机器	10. 练习书法

续前表

I：研究型活动	S：社会型活动
1. 读科技图书或杂志 2. 在实验室工作 3. 改良水果品种，培育新的水果 4. 调查了解土和金属等物质的成分 5. 研究自己选择的特殊问题 6. 解算术或数学游戏 7. 物理课 8. 化学课 9. 几何课 10. 生物课	1. 单位组织的正式活动 2. 参加某个社会团体或俱乐部活动 3. 帮助别人解决困难 4. 照顾儿童 5. 出席晚会、联欢会、茶话会 6. 和大家一起出去郊游 7. 想获得关于心理方面的知识 8. 参加讲座会或辩论会 9. 观看或参加体育比赛和运动会 10. 结交新朋友
E：事业型活动	C：常规型（传统型）活动
1. 鼓动他人 2. 卖东西 3. 谈论政治 4. 制定计划、参加会议 5. 以自己的意志影响别人的行为 6. 在社会团体中担任职务 7. 检查与评价别人的工作 8. 结交名流 9. 指导有某种目标的团体 10. 参与政治活动	1. 整理好桌面与房间 2. 抄写文件和信件 3. 为领导写报告或公务信函 4. 检查个人收支情况 5. 打字培训班 6. 参加算盘、文秘等实务培训 7. 参加商业会计培训班 8. 参加情报处理培训班 9. 整理信件、报告、记录等 10. 写商业贸易信

第三部分　您所擅长的活动

下面列举若干种活动，请选择你能做或大概能做的事。

R：实际型能力	A：艺术型能力
1. 能使用电锯、电钻和锉刀等木工工具 2. 知道万用电表的使用方法 3. 能够修理自行车或其他机械 4. 能够使用电钻、磨床或缝纫机 5. 能给家具和木制品刷漆 6. 能看建筑设计图 7. 能够修理简单的电气用品 8. 能修理家具 9. 能修理收录机 10. 能简单地修理水管	1. 能演奏乐器 2. 能参加二部或四部合唱 3. 独唱或独奏 4. 扮演剧中角色 5. 能创作简单的乐曲 6. 会跳舞 7. 能绘画、素描或书法 8. 能雕刻、剪纸或泥塑 9. 能设计板报、服装或家具 10. 能写一手好文章

续前表

I：研究型能力	S：社会型能力
1. 懂得真空管或晶体管的作用 2. 能够列举三种蛋白质多的食品 3. 理解铀的裂变 4. 能用计算尺、计算器、对数表 5. 会使用显微镜 6. 能找到三个星座 7. 能独立进行调查研究 8. 能解释简单的化学 9. 能理解人造卫星为什么不落地 10. 经常参加学术的会议	1. 有向各种人说明解释的能力 2. 常参加社会福利活动 3. 能和大家一起友好相处地工作 4. 善于与年长者相处 5. 会邀请人、招待人 6. 能简单易懂地教育儿童 7. 能安排会议等活动顺序 8. 善于体察人心和帮助他人 9. 帮助护理病人和伤员 10. 安排社团组织的各种事务
E：事业型能力	C：常规型能力
1. 担任过学生干部并且干得不错 2. 工作上能指导和监督他人 3. 做事充满活力和热情 4. 有效利用自身的做法调动他人 5. 销售能力强 6. 曾作为俱乐部或社团的负责人 7. 向领导提出建议或反映意见 8. 有开创事业的能力 9. 知道怎样做能成为一个优秀的领导者 10. 健谈善辩	1. 会熟练地打印中文 2. 会用外文打字机或复印机 3. 能快速记笔记和抄写文章 4. 善于整理保管文件和资料 5. 善于从事事务性的工作 6. 会用算盘 7. 能在短时间内分类和处理大量文件 8. 能使用计算机 9. 能搜集数据 10. 善于为自己或集体做财务预算表

第四部分　你所喜欢的职业

下面列举了多种职业，请认真地看，请选择你有兴趣的工作，有一项计 1 分，不太喜欢或不关心的工作不选，不计分。

R：实际型职业	S：社会型职业
1. 飞机机械师 2. 野生动物专家 3. 汽车维修工 4. 木匠 5. 测量工程师 6. 无线电报务员 7. 园艺师 8. 长途公共汽车司机 9. 电工 10. 火车司机	1. 街道、工会或妇联干部 2. 小学、中学教师 3. 精神病医生 4. 婚姻介绍所工作人员 5. 体育教练 6. 福利机构负责人 7. 心理咨询员 8. 共青团干部 9. 导游 10. 国家机关工作人员

续前表

I：研究型职业	E：事业型职业
1. 气象学或天文学者 2. 生物学者 3. 医学实验室的技术人员 4. 人类学者 5. 动物学者 6. 化学者 7. 数学者 8. 科学杂志的编辑或作家 9. 地质学者 10. 物理学者	1. 厂长 2. 电视片编制人 3. 公司经理 4. 销售员 5. 不动产推销员 6. 广告部长 7. 体育活动主办者 8. 销售部长 9. 个体工商业者 10. 企业管理咨询人员
A：艺术型职业	C：常规型职业
1. 乐队指挥 2. 演奏家 3. 作家 4. 摄影家 5. 记者 6. 画家、书法家 7. 歌唱家 8. 作曲家 9. 电影电视演员 10. 电视节目主持人	1. 会计师 2. 银行出纳员 3. 税收管理员 4. 计算机操作员 5. 簿记人员 6. 成本核算员 7. 文书档案管理员 8. 打字员 9. 法庭书记员 10. 人员普查登记员

第五部分　您的能力类型简评

下面两张表是您在 6 个职业能力方面的自我评定表。您可先与同龄人比较出自己在每一方面的能力，然后斟酌后对自己的能力作评估。请在表中适当的数字上画圈，数值越大表明您的能力越强。

注意，请勿画同样的数字，因为人的每项能力不会完全一样的。

表 A

R 型	I 型	A 型	S 型	E 型	C 型
机械操作能力	科学研究能力	艺术创作能力	解释表达能力	商业洽谈能力	事务执行能力
7	7	7	7	7	7
6	6	6	6	6	6
5	5	5	5	5	5
4	4	4	4	4	4
3	3	3	3	3	3
2	2	2	2	2	2
1	1	1	1	1	1

表B

R型	I型	A型	S型	E型	C型
动手技能	数学技能	音乐技能	交际技能	领导技能	办公技能
7	7	7	7	7	7
6	6	6	6	6	6
5	5	5	5	5	5
4	4	4	4	4	4
3	3	3	3	3	3
2	2	2	2	2	2
1	1	1	1	1	1

第六部分　你所看重的东西——职业价值观

这一部分测验列出了人们在选择工作时通常会考虑的9种因素（见所附工作价值标准）。现在请您在其中选出最重要的两项因素，并将填入下面相应空格上。

最重要：＿＿＿＿＿＿＿＿次重要：＿＿＿＿＿＿＿＿

最不重要：＿＿＿＿＿＿＿＿次不重要：＿＿＿＿＿＿＿＿

附：工作价值标准：

1. 工资高、福利好
2. 工作环境（物质方面）舒适
3. 人际关系良好
4. 工作稳定有保障
5. 能提供较好的受教育机会
6. 有较高的社会地位
7. 工作不太紧张、外部压力少
8. 能充分发挥自己的能力特长
9. 社会需要与社会贡献大
10. 能从事自己感兴趣的工作

第七部分　统计和确定你的职业倾向

第二部分至第四部分："是"得1分，"否"得0分。第五部分：得分就是你在表中所圈的数值。把全部测验分数按前面已统计好的六种职业倾向（R、I、A、S、E和C型）得分填入下表，并作横向累加。

测试内容		R型 实际型	I型 研究型	A型 艺术型	S型 社会型	E型 事业型	C型 常规型
第二部分	兴趣						
第三部分	擅长						
第四部分	喜欢						
第五部分A	能力						

续前表

测试内容		R型 实际型	I型 研究型	A型 艺术型	S型 社会型	E型 事业型	C型 常规型
第五部分B	技能						
总分							

请将上表中的六种职业倾向总分按大小顺序依次从左到右排列：

______型、______型、______型、______型、______型、______型。

得分最高的职业类型说明是最适合你的职业。测试完毕后，将自己的得分按R、I、A、S、E、C六个方面分别汇总，找出你测验得分居第一位的职业类型，对照下面所附的《职业索引》，判断出自己适合的职业种类。

现在将你测验得分居第一位的职业类型找出来，对照下表，判断自己适合的职业类型。

经过对照，我的职业类型是____________________。

我适合做：____________________。

根据下面的三字母职业码表，进一步找出适合你的兴趣和能力的职业。具体方法为：首先根据你的职业兴趣和能力的六个维度的测验，确定六个方面各自的总分，然后将其由大到小排列，取前三个字母作为职业代码。

如你得分最高的是I型，其次是R型，最后是A型，那你的职业代码是IRA；然后根据职业码表找出相应的职业；如果还没有找到合适的职业，还可以找出与职业代码相近的三字母职业码（如RIA，IAR，RAI等）相应的职业，最终找出适合你的职业。

如果在职业码表找到的职业你不喜欢，你还可以根据你的人格类型特点，寻找与职业兴趣相匹配的职业。

如果最适合你的工作和你在第一部分所写的理想工作之间不太一致，或者在各种类型的职业上你的能力和兴趣不相匹配，请参考第六部分来作出最佳选择。比如，第二部分在I型上得分最高，但第三部分A型上得分高，那么请参照你最看重的职业价值观。如果你最看重“(8) 能充分发挥自己的能力特长”或“(2) 工作环境舒适”，那么A型工作最适合你；如果你最看重“(10) 能从事自己感兴趣的工作”和“(4) 工作稳定有保障”，那么I型工作最适合你。

职业索引——职业兴趣代号与其相应的职业对照表：

R（实际型）：木匠、农民、操作X光的技师、工程师、飞机机械师、鱼类和野生动物专家、自动化技师、机械工（车工、钳工等）、电工、无线电报务员、火车司机、长途公共汽车司机、机械制图员、修理机器、电器师。

I（调查型）：气象学者、生物学者、天文学家、药剂师、动物学者、化学家、科学报刊编辑、地质学者、植物学者、物理学者、数学家、实验员、科研人员、科技作者。

A（艺术型）：室内装饰专家、图书管理专家、摄影师、音乐教师、作家、演员、记者、诗人、作曲家、编剧、雕刻家、漫画家。

S（社会型）：社会学者、导游、福利机构工作者、咨询人员、社会工作者、社会科学教师、学校领导、精神病工作者、公共保健护士。

E（事业型）：推销员、进货员、商品批发员、旅馆经理、饭店经理、广告宣传员、调度员、律师、政治家、零售商。

C（常规型）：记账员、会计、银行出纳、法庭速记员、成本估算员、税务员、核算员、打字员、办公室职员、统计员、计算机操作员、秘书。

下面介绍与你 3 个代号的职业兴趣类型一致的职业表，对照的方法如下：首先根据你的职业兴趣代号，在下表中找出相应的职业，例如你的职业兴趣代号是 RIA，那么牙科技术人员、陶工等是适合你兴趣的职业。然后寻找与你职业兴趣代号相近的职业，如你的职业兴趣代号是 RIA，那么，其他由这三个字母组合成的编号（如 IRA、IAR、ARI 等）对应的职业，也较适合你的兴趣。

RIA：牙科技术员、陶工、建筑设计员、模型工、细木工、制作链条人员。

RIS：厨师、林务员、跳水员、潜水员、染色员、电器修理、眼镜制作、电工、纺织机器装配工、服务员、装玻璃工人、发电厂工人、焊接工。

RIE：建筑和桥梁工程、环境工程、航空工程、公路工程、电力工程、信号工程、电话工程、一般机械工程、自动工程、矿业工程、海洋工程、交通工程技术人员、制图员、家政经济人员、计量员、农民、农场工人、农业机械操作、清洁工、无线电修理、汽车修理、手表修理、管工、线路装配工、工具仓库管理员。

RIC：船上工作人员、接待员、杂志保管员、牙医助手、制帽工、磨坊工、石匠、机器制造、机车（火车头）制造、农业机器装配、汽车装配工、缝纫机装配工、钟表装配和检验、电动器具装配、鞋匠、锁匠、货物检验员、电梯机修工、托儿所所长、钢琴调音员、装配工、印刷工、建筑钢铁工人、卡车司机。

RAI：手工雕刻、玻璃雕刻、制作模型人员、家具木工、制作皮革品、手工绣花、手工钩针纺织、排字工作、印刷工作、图画雕刻、装订工。

RSE：消防员、交通巡警、警察、门卫、理发师、房间清洁工、屠夫、锻工、开凿工人、管道安装工、出租汽车驾驶员、货物搬运工、送报员、勘探员、娱乐场所服务员、起卸机操作工、灭害虫者、电梯操作工、厨房助手。

RSI：纺织工、编织工、农业学校教师、某些职业课程教师（诸如艺术、商业、技术、工艺课程）、雨衣上胶工。

REC：抄水表员、保姆、实验室动物饲养员、动物管理员。

REI：轮船船长、航海领航员、大副、试管实验员。

RES：旅馆服务员、家畜饲养员、渔民、渔网修补工、水手长、收割机操作工、搬运行李工人、公园服务员、救生员、登山导游、火车工程技术员、建筑工作、铺轨工人。

RCI：测量员、勘测员、仪表操作者、农业工程技师、化学工程技师、民用工程技师、石油工程技师、资料室管理员、探矿工、煅烧工、烧窑工、矿工、保养工、磨床工、取样工、样品检验员、纺纱工、炮手、漂洗工、电焊工、锯木工、刨床工、制帽工、手工缝纫工、油漆工、染色工、按摩工、木匠、农民建筑工人、电影放映员、勘测员助手。

RCS：公共汽车驾驶员、一等水手、游泳池服务员、裁缝、建筑工作、石匠、烟囱修建工、混凝土工、电话修理工、爆炸手、邮递员、矿工、裱糊工人、纺纱工。

RCE：打井工、吊车驾驶员、农场工人、邮件分类员、铲车司机、拖拉机司机。

IAS：普通经济学家、农场经济学家、财政经济学家、国际贸易经济学家、实验心理学家、工程心理学家、心理学家、哲学家、内科医生、数学家。

IAR：人类学家、天文学家、化学家、物理学家、医学病理、动物标本剥制者、化石修复者、艺术品管理者。

ISE：营养学家、饮食顾问、火灾检查员、邮政服务检查员。

ISC：侦察员、电视播音室修理员、电视修理服务员、验尸室人员、编目录者、医学实验定技师、调查研究者。

ISR：水生生物学者，昆虫学者、微生物学家、配镜师、矫正视力者、细菌学家、牙科医生、骨科医生。

ISA：实验心理学家、普通心理学家、发展心理学家、教育心理学家、社会心理学家、临床心理学家、目录学家、皮肤病学家、精神病学家、妇产科医师、眼科医生、五官科医生、医学实验室技术专家、民航医务人员、护士。

IES：细菌学家、生理学家、化学专家、地质专家、地理物理学专家、纺织技术专家、医院药剂师、工业药剂师、药房营业员。

IEC：档案保管员、保险统计员。

ICR：质量检验技术员、地质学技师、工程师、法官、图书馆技术辅导员、计算机操作员、医院听诊员、家禽检查员。

IRA：地理学家、地质学家、声学物理学家、矿物学家、古生物学家、石油学家、地震学家、声学物理学家、原子和分子物理学家、电学和磁学物理学家、气象学家、设计审核员、人口统计学家、数学统计学家、外科医生、城市规划家、气象员。

IRS：流体物理学家、物理海洋学家、等离子体物理学家、农业科学家、动物学家、食品科学家、园艺学家、植物学家、细菌学家、解剖学家、动物病理学家、作物病理学家、药物学家、生物化学家、生物物理学家、细胞生物学家、临床化学家、遗传学家、分子生物学家、质量控制工程师、地理学家、兽医、放射性治疗技师。

IRE：化验员、化学工程师、纺织工程师、食品技师、渔业技术专家、材料和测试工程师、电气工程师、土木工程师、航空工程师、行政官员、冶金专家、原子核工程师、陶瓷工程师、地质工程师、电力工程量、口腔科医生、牙科医生。

IRC：飞机领航员、飞行员、物理实验室技师、文献检查员、农业技术专家、动植物技术专家、生物技师、油管检查员、工商业规划者、矿藏安全检查员、纺织品检验员、照相机修理者、工程技术员、编计算程序者、工具设计者、仪器维修工。

CRI：簿记员、会计、记时员、铸造机操作工、打字员、按键操作工、复印机操作工。

CRS：仓库保管员、档案管理员、缝纫工、讲述员、收款人。

CRE：标价员、实验室工作者、广告管理员、自动打字机操作员、电动机装配工、缝纫机操作工。

CIS：记账员、顾客服务员、报刊发行员、土地测量员、保险公司职员、会计师、估价员、邮政检查员、外贸检查员。

CIE：打字员、统计员、支票记录员、订货员、校对员、办公室工作人员。

CIR：校对员、工程职员、海底电报员、检修计划员、发报员。

CSE：接待员、通讯员、电话接线员、卖票员、旅馆服务员、私人职员、商学教师、旅游办事员。

CSR：运货代理商、铁路职员、交通检查员、办公室通信员、簿记员、出纳员、银行财务职员。

CSA：秘书、图书管理员、办公室办事员。

CER：邮递员、数据处理员、航空邮件检查员。

CEI：推销员、经济分析家。

CES：银行会计、记账员、法人秘书、速记员、法院报告人。

ECI：银行行长、审计员、信用管理员、地产管理员、商业管理员。

ECS：信用办事员、保险人员、各类进货员、海关服务经理、售货员、购买员、会计。

ERI：建筑物管理员、工业工程师、农场管理员、护士长、农业经营管理人员。

ERS：仓库管理员、房屋管理员、货栈监督管理员。

ERC：邮政局长、渔船船长、机械操作领班、木工领班、瓦工领班、驾驶员领班。

EIR：科学、技术和有关周期出版物的管理员。

EIC：专利代理人、鉴定人、运输服务检查员、安全检查员、废品收购人员。

EIS：警官、侦察员、交通检验员、安全咨询员、合同管理者、商人。

EAS：法官、律师、公证人。

EAR：展览室管理员、舞台管理员、播音员、驯兽员。

ESC：理发师、裁判员、政府行政管理员、财政管理员、工程管理员、职业病防治、售货员、商业经理、办公室主任、人事负责人、调度员。

ESR：家具售货员、书店售货员、公共汽车的驾驶员、日用品售货员、护士长、自然科学和工程的行政领导。

ESI：博物馆管理员、图书馆管理员、古迹管理员、饮食业经理、地区安全服务管理员、技术服务咨询者、超级市场管理员、零售商品店店员、批发商、出租汽车服务站调度。

ESA：博物馆馆长、报刊管理员、音乐器材售货员、广告商营业员、导游、（轮船或班机上的）事务长、飞机上的服务员、船员、法官、律师。

ASE：戏剧导演、舞蹈教师、广告撰稿人、报刊、专栏作者、记者、演员、英语翻译。

ASI：音乐教师、乐器教师、美术教师、管弦乐指挥、合唱队指挥、歌星、演奏家、哲学家、作家、广告经理、时装模特。

AER：新闻摄影师、电视摄影师、艺术指导、录音指导、丑角演员、魔术师、木偶戏演员、骑士、跳水员。

AEI：音乐指挥、舞台指导、电影导演。

AES：流行歌手、舞蹈演员、电影导演、广播节目主持人、舞蹈教师、口技表演者、喜剧演员、模特。

AIS：画家、剧作家、编辑、评论家、时装艺术大师、新闻摄影师、男演员、文学作者。

AIE：花匠、皮衣设计师、工业产品设计师、剪影艺术家、复制雕刻品大师。

AIR：建筑师、画家、摄影师、绘图员、环境美化工、雕刻家、包装设计师、陶器设计师、绣花工、漫画工。

SEC：社会活动家、退伍军人服务官员、工商会事务代表、教育咨询者、宿舍管理员、旅馆经理、饮食服务管理员。

SER：体育教练、游泳指导。

SEI：大学校长、学院院长、医院行政管理员、历史学家、家政经济学家、职业学校教师、资料员。

SEA：娱乐活动管理员、国外服务办事员、社会服务助理、一般咨询者、宗教教育工作者。

SCE：部长助理、福利机构职员、生产协调人、环境卫生管理人员、戏院经理、餐馆经理、售票员。

SRI：外科医师助手、医院服务员。

SRE：体育教师、职业病治疗者、体育教练、专业运动员、房管员、儿童家庭教师、警察、引座员、传达员、保姆。

SRC：护理员、护理助理、医院勤杂工、理发师、学校儿童服务人员。

SIA：社会学家、心理咨询者、学校心理学家、政治科学家、大学或学院的系主任、大学或学院的教育学教师、大学农业教师、大学工程和建筑课程的教师、大学法律教师、大学数学、医学、物理、社会科学和生命科学的教师、研究生助教、成人教育教师。

SIE：营养学家、饮食学家、海关检查员、安全检查员、税务稽查员、校长。

SIC：描图员、兽医助手、诊所助理、体检检查员、监督缓刑犯的工作者、娱乐指导者、咨询人员、社会科学教师。

SIR：理疗员、救护队工作人员、手足病医生、职业病治疗助手。

第四节　职业能力

职业能力是自我认识中第三个重要的组成部分。而且职业能力是用人单位特别感兴趣的部分，职业能力表示“你能做什么”。请看一个案例：

案例研究

不要在必败的领域里和人竞争

公安局新进了一批警察，单位对他们进行业务培训。培训期间，学员们组织了一个篮球队。政治部领导下班后，常来看他们打篮球。教官们便悄悄地告诉他们，要在球场上好好表现自己，政治部对他们每个人的印象，将会决定他们集训后的岗位分配。

年轻的小伙子们明白，他们职业生涯中第一次竞争已经无声地开始了。于是在认真受训之余，他们都在球场上拼命地表现自己。每个人都希望通过自己出色的技术动作，奋力拼搏的打球精神引起领导的注意。

当别人在篮球架下越战越勇时，他们中有一个学员却越来越灰心，他是全班个子最小的，而且从小就对篮球不太感兴趣。在队友们高大灵活的身躯下，他只能当配角。每次他被别人的假动作迷惑，扑空后，观众席里就会传出阵阵笑声。有一次，他分明看到领导站在边上，边看边摇头。

他不想当别人的笑料，下决心苦练球技。每天，一有空闲，他就一个人抱着篮球在场子里练习。可他发现，如果没有兴趣只有压力，他是无论如何也打不好篮球的。比赛时他照样经常被人盖帽，带球时被人断球是家常便饭。他对自己感到失望了，他不敢想象自己刚一上班就成了领导和同事眼中的小角色。

有一天，懊恼的他无意间看了一本书，书上有句话深深震动了他：不要把你的钱投在不熟悉的领域。他立刻在脑海中引申出另一句话：不要在必败的领域里和人竞争。他幡然醒悟了：我干吗非要去打篮球呢？我并不具备打好篮球的身体素质！更重要的是，我对打篮球不感兴趣。最后，他毅然退出了篮球队。等到别人再比赛时，他成了一个观众，与普通观众不同的是，他手里多了台照相机。

没过几天，一篇名为《新警察们的一天》的短文刊登在当地晚报上，还配有他们打篮球的照片，这篇文章立刻引起了学员们的关注，更引起了教官和政治部领导的注意。此后，这名学员接二连三地在报纸上发表了一系列作品。集训结束后，政治部主任直接把他调进了政治部宣传科，他的职业生涯不比那些打篮球的小伙子们差。

人生就是一场严肃的竞技，走弯路没有关系，关键在于大方向是否正确。坚强和毅力固然可敬，但只有在正确的方向下才会发挥作用，否则就会变成一种盲动。很多时候，人更需要的是分辨方向的智慧。不适合做官的，或许可以去做生意；不适合做生意的，或许可以去做学问；长得不漂亮的，可以不比相貌比性情……

聪明人懂得运用自己的优势，会把竞争引向自己擅长的领域，不思变通的人恰恰相反，他们往往十分卖力地把自己逼进死胡同。

该案例说明能力对一个人的职业道路选择、事业成败具有重要作用。任何职业都要求从业者掌握一定的职业技能，职业不同对技能的要求也不一样。

一、职业能力

职业能力是人们从事某种职业必须具备的并在该职业活动中表现的多种能力的综合，是择业的基本参照和就业的基本条件，是胜任职业岗位工作的基本要求，也是个人立足于社会、获取生活来源、取得社会认可、谋求自我发展的安身立命之本。一般来说，顺利完成任何职业活动都必须具备两种能力：一般能力和特殊能力。

一般职业能力主要指一般的学习能力、文字与语言运用能力、数学运算能力、空间判断能力、形体知觉能力、颜色分辨能力、手的灵巧度、手眼协调能力等。此外，任何职业岗位的工作都需要与人打交道，因此人际交往能力、与他人良好协作的团队合作能力、生活与工作环境的适应能力以及面对失败和挫折的心理承受能力也是与职业能力相关的、不可缺少的能力。

特殊能力主要是指从事某一职业的专业能力。如数学能力、音乐能力、机械操作能力、绘画能力等，都是完成某些特定职业必须具备的能力，它是了解自己能否胜任某种职业的依据，与职业选择有直接的联系。在求职中，招聘和录用单位最重视的是求职者是否具备胜任岗位工作的特殊能力。

职业能力是在实践中得到发展和提高的。先天条件，如身高、体重、体质、智力水平等会对职业能力形成和发展产生影响。如聋哑人无法从事歌唱事业，身材矮小的人很难成为篮球运动员，智力残障不能从事科学研究，对化学药品过敏的人不适宜从事医药工作，等等。但这不是绝对的，不是不可变化的。在实践中劳动者个人的职业能力可得到强化。计算机文字录入员要有较强的眼手协调能力和手指灵活性，随着工作的熟练和经验的积累，录入的速度会越来越快，准确性越来越高。实践出真知，父母的技能不可能遗传给子孙，职业能力只能在实践工作中和创造性劳动中得到发展、提高和强化。

教育与培训促进职业能力的提高，提高职业能力的途径除了在实践中学习和摸索以外，最有效的方法就是接受教育和培训。

二、职业能力与职业的匹配

一定的职业能力是胜任职业岗位职责的必要条件。任何一个职业岗位都有相应的岗位职责要求，职业能力则是胜任职业岗位工作的必要条件。

不同的人有不同的能力，职业也因工作性质、内容和环境的不同，对人的能力提出不同的要求，因而应注意能力类型与职业类型的匹配。

求职者在寻求就业时，首先自己要明确自己的特长、职业能力和胜任某种职业的可能性。如果需要的话，可以由职业指导人员协助分析，根据其学历状况、职业资格、职业实践和背景确定他的职业能力，必要时可以通过心理测试作为参考。在基本清楚求职者的职业能力和胜任的可能性时，进一步帮助其选择职业和确定就业途径。

有时由于求职者对自己的职业能力不清楚，比较盲目，用人单位也缺乏认真考察，一些求职者虽然找到了工作，有了就业岗位，但干不了多长时间就不得不又离开这个岗位，再重新寻找职业。其中很多情况是因为求职者职业能力与岗位要求不匹配，无法胜任职业。所以，要想达到稳定的就业，首先要做到人的职业能力与职业岗位要求匹配。

下面我们将八个方面的特殊能力向大家做一介绍，供个人择业时参考。

1. 语言表达能力

语言表达能力是指对词及其含义的理解和使用能力，对词、句子、段落、篇章的理解能力，以及善于清楚而正确地表达自己的观点和向别人介绍信息的能力。简单地讲，它包括语言文字的理解能力和口头表达能力。不同的职业对人的语言能力要求亦不同。例如，教师、营业员、服务员、护士等职业，必须具备较强的语言表达能力。

2. 算术能力

算术能力是指迅速而准确的运算的能力。大部分职业都要求工作者有一定的算术能力，但不同的职业对人的算术能力要求的程度不同。如会计、出纳、统计、建筑师、工业药剂师等职业要求工作者必须有较强的计算能力；法官、律师、历史学研究者、护士、X

光技师则要求具备中等水平的计算能力；而演员、话务员、接待员、厨师、理发师、导游、矿工等职业则对算术能力要求较低。

3. 空间判断能力

空间判断能力是指能看懂几何图形、识别物体在空间运动中的联系、解决几何问题的能力。如果一个人爱好平面几何及立体几何并且学得较好，这个人的空间判断能力就比较强。与图纸、工程、建筑等打交道的工作，以及牙科医生、内外科医生等职业，空间判断能力要求很高。对于裁缝、电工、木工、无线电修理工、机床工来说，也要具有一定的空间判断能力才能胜任。

4. 形态知觉能力

形态知觉能力是指对物体或图像的有关细节的知觉能力。如对于图形的阴暗、线的宽度和长度做出视觉的区别和比较，能看出其细微的差异。对于生物学家、建筑师、测量员、制图员、农业技术员、动植物技术员、医师、兽医、药剂师、画家、无线电修理工来说，需要较强的形态知觉能力；而对于历史学家、政治学家、社会服务人员、招待员、售货员、办公室职员来说，形态知觉就不那么重要了。

5. 事务能力

事务能力是指对文字或表格式材料细节的知觉能力、发现错字或正确地校对数字的能力等。例如设计、经济、记账、出纳、办公室、打字等工作，都必须具备一定的事务能力。

6. 动作协调能力

动作协调能力是指迅速准确和协调地做出精确的动作和运动反应能力。对于驾驶员、飞行员、牙科医生、外科医生、雕刻家、运动员、舞蹈家来说，这种能力显得尤为重要。

7. 手指灵活度

手指灵活度是指手指迅速准确和谐地操作小物体的能力。纺织工、打字员、裁缝、外科医生、五官医生、护士、雕刻家、画家等，手指必须较一般人灵活。

8. 手腕灵巧度

手腕灵巧度是指手腕灵巧而迅速地活动的能力，像体育运动员、舞蹈家、画家、兽医等，手腕必须能灵巧地活动。

人的生存与发展都要依靠自身的能力，对人来说，能力是成功地完成某种任务或胜任工作的必不可少的基础因素，不言而喻，没有能力或能力低下，不仅不能胜任工作任务，连维持生存都会有困难。职业能力越强，多方面能力越是综合发展，就越能促进人在职业中的创造和发展，也能够取得工作业绩和做出卓越贡献。对年轻人来说，职业能力如何，是面临就业机会多少和有没有发展机遇的关键。不少到职业介绍机构寻求职业的大中专毕业生，只注意招聘单位的条件和待遇以及今后工作的环境和职业声望，而对自己能胜任哪些职业，客观全面地分析和估价自己的职业能力不够，往往由于这个原因，不能较快地找到适合自己的职业位置而求职受挫。

三、职业能力测试

下面我们选用一套职业能力自评表，可供大家对自己的职业能力进行评价。该测试的评定用五级量表：强、较强、一般、较弱、弱。测试分为9组，每组均相应测试一项职业能力。每组均有6题，按上述5个等级为各题打分。能力强的打1分，较强的为2分，依次递增，弱的打5分。最后总计各组得分除以6可得该组所测职业能力最后得分。各题能力评定等级为：最后得分为1的，表明你该项能力强，随分值增加依次为较强、一般、较弱，若为5分则表明为弱。题目如下：

第一组：语言能力

（1）善于表达自己的观点。

（2）阅读速度快，并能抓住中心内容。

（3）清楚地向别人解释难懂的概念。

（4）对文章中的字、词、段落和篇章的理解和综合能力。

（5）掌握词汇量的程度。

（6）中学时你的语文成绩。

第二组：数理能力

（1）做出精确的测量。

（2）解算术应用题的能力。

（3）笔算能力。

（4）心算能力。

（5）使用工具（如计算器）计算的能力。

（6）中学时你的数学成绩。

第三组：空间判断能力

（1）美术素描画的水平。

（2）画三维度立体图形的能力。

（3）看几何图形的立体感。

（4）玩拼图游戏。

（5）对盒子展开后平面图的想象力。

（6）中学时你的语文成绩。

第四组：察觉细节能力

（1）发现相似图形中的细微差异。

（2）识别物体的形状差异。

（3）注意到多数人所忽视的物体的细节部分。

（4）检查物体的细节。

（5）观察图案是否正确。

（6）中学时善于找出数学作业的细小错误。

第五组：书写能力

（1）快而准确地抄写资料。

（2）在阅读中发现错别字。
（3）发现计算错误。
（4）发现图表中的细小错误。
（5）在图书馆很快查找编码卡片。
（6）自我控制能力。
第六组：运动协调能力
（1）劳动技术课中操作机器一类的活动。
（2）玩电子游戏机或瞄准打靶。
（3）在广播操中集体的协调灵活性。
（4）打球姿势的平衡度。
（5）打字比赛或算盘比赛的成绩。
（6）闭眼单脚站立的平衡能力。
第七组：动手能力
（1）灵巧地使用手工工具（如锤子等）。
（2）灵巧地使用很小的工具（如镊子等）。
（3）演奏乐器时手指的灵活度。
（4）做小手工艺品的动手能力。
（5）很快地削水果。
（6）修理、装配、编织、缝补等活动能力。
第八组：社会交往能力
（1）善于在陌生的场合发表自己的意见。
（2）新场所结交新朋友。
（3）口头表达能力。
（4）善于与人友好交往并协同工作。
（5）善于帮助人。
（6）擅长作别人的思想工作。
第九组：组织管理能力
（1）善于参加集体活动。
（2）在集体活动中能关心他人。
（3）动脑筋想出好点子。
（4）冷静果断地处理突发事件。
（5）组织工作的水平。
（6）善于解决同事或同学间的矛盾。
我的能力排序分别为：
1. ______________________________
2. ______________________________
3. ______________________________
4. ______________________________
5. ______________________________

6. ______________________

7. ______________________

8. ______________________

9. ______________________

第五节　职业人格

“人格”一词在生活中有多种含义，已经成为所有人的口头禅。但是究竟什么是“人格”，不仅老百姓说不清楚，即便是心理学家也众说纷纭。有道德上的人格，它指一个人的品德和操守；有法律意义上的人格，它指享有法律地位的人；有文学意义上的人格，它指人物心理的独特性和典型性。

一、什么是人格

在一些心理学著作中，有人叫“人格”，有人说“个性”，还有人称“性格”，这种状况表明人格概念的复杂性。现在，心理学界常把人格与性格作为同一词来对待。在美国一般都使用人格（personality），几乎不用性格（character）这个词。如果严格来区分的话，“性格”是以生来就具有的素质为基础的，不易改变的倾向性的意味更浓一些。而“人格”则侧重于知觉到的行为和态度，以及它们与环境因素的动态关系中的变化过程，它们具有进一步细分为分析单位或类型的特性。

人格主要是指人所具有的与他人相区别的独特而稳定的思维方式和行为风格。它贯穿于个人的整个心理过程，是个人独特性的整体写照，它渗透到个人的所有行为活动中，影响个人的活动方式、风格和绩效。

利用成熟的人格测评方法对个人的人格类型进行诊断，可为职业选择、企业员工的选拔和合理利用提供建议。许多发达国家在人事招聘、管理者选拔中都采用人格测评，也表明人们普遍认为人格对于人事任用具有特殊意义。

二、MBTI 人格类型指标及应用

MBTI 是“Myers-Briggs Type Indicator”的缩写。它源自瑞士著名心理学家卡尔·荣格（Carl Jung）于 1920 年提出的心理类型理论，后经母女俩 Katharine Briggs 和 Isabel Briggs Myers 的研究和发展，并因此而被命名为“迈尔斯-布里格斯人格类型指标”，主要有以下四个方面的应用。

1. 有助于了解自己

MBTI 人格类型揭示了一个人深层的“本我”、真实的我，以及最本能、最自然的思维、感觉、行为模式，而不是在别人面前所表现出来的表面的性格特征。从而让我们明白为什么不同的人对不同的事物感兴趣，为什么不同的人擅长不同的工作．为什么人与人之间不能相互理解、有效配合。通过了解自己和其他人的人格倾向，可以更好地理解自己的优点、缺点，更容易接受自己，更好地理解和接受他人，理解为什么人与人之间在思维、行为、观念、表现等方面存在差异，从而接受他人观点的合理性，避免固执己见或者简单、轻率地对事务做判断。

2. 有助于团队成员的配置与团队建设

组织在进行员工选拔与配置时，不仅要关注个体的人格特征是否与岗位的要求相吻合，还要考虑团队中不同成员的人格特征的组合。每一种类型的人都是具体特征的综合体，每一种类型都有令人欣赏之处，也有令人烦恼的问题，不同人格特征的组合会直接影响到组织的整体绩效。研究结果表明，对于那些是同一种人格倾向的人而言，通常会容易沟通，容易理解彼此的感受，享受共同的价值观；而对于不同倾向的人组成的团队，由于性格各异，相互之间可以性格互补，也能提高工作效率。总之，一个高效团队的人格组成应该是均衡的。根据 MBTI 可以识别团队的优势和潜在的劣势，根据团队成员的不同类型偏好，合理搭配工作团队成员，分配适合的工作任务，可大大减少团队摩擦，减少组织冲突发生的可能性，提高团队的整体效率。

3. 有助于实现最佳的人—职匹配

不同的工作岗位对任职者的人格特征有不同的要求，具有不同人格特征的个体适合的工作岗位也不尽相同。具有与某种职业相适应的人格特征会表现出更好的职业适应性，有助于提高工作绩效。因此，在人力资源管理研究和实践中，采用 MBTI 测验进行人事评价和人员选拔，有助于实现人—职的最佳匹配。

4. 有助于开展职业生涯规划

MBTI 在职业探索、生涯规划等一系列职业指导中应用相当广泛。MBTI 具有非常深厚的心理学基础，可以分析出大量的个性特质，这些特质大部分是人无法改变的，从而确定了 MBTI 与职业发展之间的密切关系。通过 MBTI 人格类型测验，可以获知认知风格、精力指向、生活方式等诸多信息，并综合得出其适合的职业类型，这就为职业生涯规划提供了依据。目前几乎所有的职业咨询与服务机构都使用 MBTI 作为辅助工具，被广泛地应用于职业发展、职业咨询、团队建议、婚姻教育等领域。在美国每年有 300 万人以上参加基于 MBTI 的测评和培训，在世界 500 强企业中有 80%以上的高层管理者、高级人事主管使用过这个工具。

三、MBTI 人格类型指标的内容

心理学认为，人格是一种个体内部的行为倾向，它具有整体性、结构性、持久稳定性等待点，是每个人特有的，可以对个人外显的行为、态度提供统一的、内在的解释。MBTI 衡量的是个人的类型偏好即天生的倾向性，MBTI 用四维度偏好二分法来评估鉴别一个人的类型偏好。每个维度偏好二分法均由两级组成。由此 MBTI 把人格分为 16 种类型。

1. E（外倾）—I（内倾）维度（能量倾向）

你更喜欢将自己的注意力集中于何处？你从何处获得活力？我们以自身为界，可以将世界分为自身以外的世界和自我的世界两个部分，也可称为外部世界和内部世界。外倾 E (extraversion) 表示注意力和能量指向外部世界的人和事，从与人交往和行动中得到活力；外倾的人喜欢成为注意的中心、善于交际、喜欢快节奏、富有活力、重广度而不是深度。内倾 I (introversion) 表示注意力和能量指向自己的内心世界，从对思考、回忆和情感的反思中得到活力；内倾的人则避免成为注意的焦点、不善交际、喜欢独处和内心思考、喜欢深度而不是广度。外倾与内倾的个体之间的区分是广泛而明显的，并不像我们平时讲的"外倾者健谈、内倾者害羞"那么简单，具体可以从表 2—2 所列的几个方面进行分析：

表 2—2

外倾型 E	内倾型 I
与他人相处精力充沛	独自度过时光精力充沛
希望成为注意的焦点	避免成为注意的焦点
行动，之后思考	思考，之后行动
喜欢边想边说出声	在心中思考问题不善于表露
易于"读"和了解；随意地分享个人信息	相对封闭，更愿意在经挑选的小群体中分享个人的信息
说的比听的多	听的比说的多
高度热情地社交	不把热情表现出来
反应快，喜欢快节奏	仔细考虑后，才有所反应，喜欢慢节奏
重于广度而不是深度	喜欢深度而不是广度

当然也不要要求每时每刻都以同样类型的方式行事。毕竟人生活在社会中，有时会顺应外在环境的、工作的需要调整自己的行为，再外倾的人，在权威人士面前或者十分隆重、严肃的场合，也会是个好的倾听者；再内倾的人，走上领导岗位，该发表意见的还得发表，准备充分的话，也会滔滔不绝。关键在于，我们需扪心自问：到底以什么样的方式行事，才是自己感觉最好的、最习惯的。

2. S (感觉) —N (直觉) 维度 (接受信息)

你如何获取信息？感觉和直觉是我们感知世界、获取信息的方式。感觉型 S (sensing) 的人倾向于通过自己的五官听到、看到、闻到、感觉到、尝到的实实在在、有形有据的事实和信息，来获取有关环境的事实和现实，他们是实际的，需要获取精确的信息，着眼于当前；注重细节的结果是感觉型的人擅长记忆大量事实与材料，他们有时候像本"词典"，能清晰地讲出大量的数据、人名、概念乃至定义，常使其他人感到吃惊。感觉型的人对待任务，习惯于按照规则、手册办事，比如照着手册使用家电，比如看着地图辨认交通路线，习惯于固守现实，享受现实，使用已有的技能。直觉型 N (intuition) 的人则注重"第六感觉"，注重"弦外之音"，习惯于想象、无意识等超越感官知识的方式来获取信息，他们更注重事情的含义、象征意义和潜在意义，习惯尝试，跟着感觉走，他们不习惯仔细地看完一大本说明书再动手，结果可能比感觉型的人更快地完成了任务，也可能因为失败而需重新开始。简言之，感觉型注意"是什么"，实际而仔细。直觉型则更关心"可能是什么"。具体区别如表 2—3 所示：

表 2—3

感觉型 S	直觉型 N
相信确定和有形的事物	相信灵感和推断
喜欢新想法——它们必须有实际意义	喜欢新思想和概念，必须符合自己的意愿
重视现实性和常识性	重视想象力和独创力
喜欢使用和琢磨已知的技能	喜欢学习新技能，但掌握之后很容易就厌倦了
留心具体的和特殊的；进行细节描述	留心普遍的和有象征性的；使用隐喻和类比
循序渐进地讲述有关情况	跳跃性地展现事实，以一种绕圈子的方式
着眼于现实或现在	着眼于未来

在我们的周围，两种类型的人都会存在，当然极端典型的比较少，大多数人兼有两种特质，但其中一种会更突出一些，成为本人的特色。使用哪种方式接受信息都有利有弊。作为个体，往往只擅长一种，了解到这点，直觉型的人就不必在百科全书式的人物面前自叹不如，感觉型的人也无需在灵动、敏感的直觉者面前不好意思了。当然，我们在享受自我性格类型所带来的优势的同时，也不妨逐渐有意识地弥补弱处，比如说，直觉型的人可多关注一些细节，而感觉型的人可多留神蕴含的潜在信息。国外的研究表明，25 岁以后，伴随着对于人生的反思，个体完善自我性格的倾向会更明确。

3. T（思维）—F（情感）维度（处理信息）

你是如何做出决定的？思维和情感是关于我们如何对获取的信息做出决定并得到结果的两种方式。思维型 T（thinking）的人重视符合逻辑和公平公正的价值、显得相对冷漠和麻木，习惯通过分析数据、权衡事实来做出符合逻辑的、客观的结论和选择；而情感型 F（feeling）的人则重视同情与和睦、重视准则的例外性、习惯于通过自己的价值判断来做决定，他们通常会对信息做出个人的、主观评价，人情味较浓。所以思维型的人通常是直接的、分析性的，他们用大脑做决定；而情感型的人则更坚信自己的价值观，并习惯于用心灵来做决定。具体可参见表 2—4。

表 2—4

思维型 T	情感型 F
退后一步思考，对问题进行客观的分析	超前思考，考虑行为对他人的影响
重视符合逻辑、公正、公平的价值；一视同仁	重视同情与和睦；重视准则的例外性
容易发现缺点，有吹毛求疵的倾向，倾向于批评	给人快乐，容易理解别人
被认为冷酷、麻木、漠不关心	被认为感情过多，缺少逻辑性，软弱
认为坦率比圆通更重要	认为圆通比坦率更重要
只有情感符合逻辑时，才是正确的，才可取	无论是否有意义，认为任何感情都可取
渴望成就而激励	为了获得欣赏而激励

不同性别的个体在这个维度上的偏好有所差异，据研究，大约 2/3 的女性偏好情感型，2/3 的男性偏好思维型，什么原因造成的？也许社会本身对不同性别的人就给予了不

同的期待，期待女性的同情心，期待男性的冷静、客观。其实，这两种类型无所谓好或坏，重要的是理解和自己不同类型的人的做法，并且尽量避免走入极端，极端的思维倾向，可能会给人“冷酷”的感觉，而极端的情感倾向则给人“无原则”的感觉。

4. J（判断）—P（知觉）维度（行动方式）

你是如何与外部世界打交道的？判断型 J（judging）的人把工作视为第一，能够按时完成任务目标，满足感来源于计划的完成，注重结果，愿意知道将面对的情况，喜欢将事情管理得井井有条，过一种有计划的、井然有序的生活；知觉型 P（perceiving）的人喜欢一种灵活和自发的生活方式，善于调节自我适应当前场合的需要，并从中获得能量，能随着信息的获取不断改变目标、重视过程、重视当下的享受甚于工作的完成。如果我们看看人们的办公桌上、包内或柜子里摆放的物品，可以发现，有些人经常是井然有序，而有些人就不那么习惯于保持整齐，前者是判断型具有的特征，后者是知觉型的人经常有的状态。不仅如此，在处事方式上，判断型的人目的性较强，一板一眼，他们喜欢有计划、有条理的世界，更愿意以比较有序的方式生活。两者的具体区别如表 2—5 所示：

表 2—5

判断型 J	知觉型 P
做了决定后感到快乐	当各种选择都存在时，感到快乐
“工作原则”：先工作再玩（如果有时间的话）	“玩的原则”：先玩再完成工作（如果有时间的话）
建立目标，并准时地完成	随着新信息的获取，不断改变目标
愿意知道他们将面对的情况	喜欢适应新情况
着重结果（重点在于完成任务）	着重过程（重点在于如何完成工作）
满足感来源于完成计划	满足感来源于计划的开始
把时间看作有限的资源，认真地对待最后期限	认为时间是可更新的资源，而最后期限也是有收缩的

多数人兼具两种倾向，只是更偏向某一端。我们在日常生活、工作中，也会受其他因素影响，改变一贯的方式，如面临紧急的、或期限明确的任务，知觉型的人也会果断起来。兴之所至，也会把物品收拾得整整齐齐，但这些并不是他们常有的行为方式，也不是他们内心感到真正自然、舒服的方式。作为个体，一方面根据内心的感受识别自我的偏好，发挥优势，另一方面，则要约束一下性格的弱点。如完全的判断型，比较容易走入刻板、教条的境地，完全的知觉型则容易使事情的进行没有限制。

四个维度、八个端点可组合成下表的 16 种性格类型，你必然属于其中的一种。根据每一项倾向性的判定，最终可以得出 16 种组合，如表 2—6 所示。

表 2—6　　十六种性格类型表

ISTJ	ISFJ	INFJ	INTJ
ISTP	ISFP	INFP	INTP
ESTP	ESFP	ENFP	ENTP
ESTJ	ESFJ	ENFJ	ENTJ

这其中的每一种都将是独特的类型，没有哪一种类型最好，也没有哪一种类型不好，要记住的是，这就是你，具有独特风格的你。

课堂练习

你是什么类型的？

1. 通过对照四个维度的描述，你或许已经识别出自己在每个维度上的偏好，取每个维度上偏好类型的代表字母，即可以由四个字母构成你的性格类型，你的类型是________________。

2. 在网上搜索你的类型，找出该类型的个性特征描述、存在的盲点、工作中的优势、工作中的劣势、适合的岗位特质、职业类型以及个人发展建议。

四、MBTI 职业人格测试

1. MBTI 测试前须知

（1）参加测试的人员请务必诚实、独立地回答问题，只有如此，才能得到有效的结果。

（2）《人格分析报告》展示的是你的人格倾向，而不是你的知识、技能、经验。

（3）MBTI 提供的人格类型描述仅供测试者确定自己的人格类型之用，人格类型没有好坏，只有不同。每一种人格特征都有其价值和优点，也有缺点和需要注意的地方。清楚地了解自己的人格优劣势，有利于更好地发挥自己的特长，而尽可能地在为人处事中避免自己人格中的劣势，更好地和他人相处，更好地作重要的决策。

（4）本测试分为四部分，共 93 题，需时约 18 分钟。所有题目没有对错之分，请根据自己的实际情况选择。将你选择的 A 或 B 所在的 ○涂黑，例如：●。

只要你认真、真实地填写了测试问卷，那么通常情况下你都能得到一个和你的人格相匹配的类型。希望你能从中或多或少地获得一些有益的信息。

2. 哪一个答案最能贴切地描绘你一般的感受或行为

序号	问题描述	选项	E	I	S	N	T	F	J	P
1	当你要外出一整天，你会 A 计划你要做什么和在什么时候做 B 说去就去	A							○	
		B								○
2	你认为自己是一个 A 较为随兴所至的人 B 较为有条理的人	A								○
		B							○	

续前表

序号	问题描述	选项	E	I	S	N	T	F	J	P
3	假如你是一位老师，你会选教 A 以事实为主的课程 B 涉及理论的课程	A			○					
		B				○				
4	你通常 A 与人容易混熟 B 比较沉静或矜持	A	○							
		B		○						
5	一般来说，你和哪些人比较合得来？ A 富于想象力的人 B 现实的人	A				○				
		B			○					
6	你是否经常让 A 你的情感支配你的理智 B 你的理智主宰你的情感	A						○		
		B					○			
7	处理许多事情上，你会喜欢 A 凭兴所至行事 B 按照计划行事	A								○
		B							○	
8	你是否 A 容易让人了解 B 难于让人了解	A	○							
		B		○						
9	按照程序表做事， A 合你心意 B 令你感到束缚	A							○	
		B								○
10	当你有一份特别的任务，你会喜欢 A 开始前小心组织计划 B 边做边找须做什么	A							○	
		B								○
11	在大多数情况下，你会选择 A 顺其自然 B 按程序表做事	A								○
		B							○	
12	大多数人会说你是一个 A 重视自我隐私的人 B 非常坦率开放的人	A		○						
		B	○							

续前表

序号	问题描述	选项	E	I	S	N	T	F	J	P
13	你宁愿被人认为是一个 A 实事求是的人 B 机灵的人	A			○					
		B				○				
14	在一大群人当中，通常是 A 你介绍大家认识 B 别人介绍你	A	○							
		B		○						
15	你会跟哪些人做朋友? A 常提出新主意的 B 脚踏实地的	A				○				
		B			○					
16	你倾向 A 重视感情多于逻辑 B 重视逻辑多于感情	A						○		
		B					○			
17	你比较喜欢 A 坐观事情发展才作计划 B 很早就作计划	A								○
		B							○	
18	你喜欢花很多的时间 A 一个人独处 B 和别人在一起	A		○						
		B	○							
19	与很多人一起会 A 令你活力倍增 B 常常令你心力交瘁	A	○							
		B		○						
20	你比较喜欢 A 很早便把约会、社交聚会等事情安排妥当 B 无拘无束，看当时有什么好玩就做什么	A							○	
		B								○
21	计划一个旅程时，你较喜欢 A 大部分的时间都是跟当天的感觉行事 B 事先知道大部分的时间会做什么	A								○
		B							○	

续前表

序号	问题描述	选项	E	I	S	N	T	F	J	P
22	在社交聚会中，你 A 有时感到郁闷 B 常常乐在其中	A		○						
		B	○							
23	你通常 A 和别人容易混熟 B 趋向自处一隅	A	○							
		B		○						
24	哪些人会更吸引你？ A 一个思维敏捷及非常聪颖的人 B 实事求是，具有丰富常识的人	A				○				
		B			○					
25	在日常工作中，你会 A 颇为喜欢处理迫使你分秒必争的突发事件 B 通常预先计划，以免要在压力下工作	A								○
		B							○	
26	你认为别人一般 A 要花很长时间才认识你 B 用很短的时间便认识你	A		○						
		B	○							

3. 在下列每一对词语中，哪一个词语更合你心意

请仔细想想这些词语的意义，而不要理会它们的字形或读音。

序号	问题描述	选项	E	I	S	N	T	F	J	P
27	A 注重隐私　　B 坦率开放	A		○						
		B	○							
28	A 预先安排的　B 无计划的	A							○	
		B								○
29	A 抽象　　　　B 具体	A				○				
		B			○					
30	A 温柔　　　　B 坚定	A						○		
		B					○			
31	A 思考　　　　B 感受	A					○			
		B						○		

续前表

序号	问题描述	选项	E	I	S	N	T	F	J	P
32	A 事实　　B 意念	A			○					
		B				○				
33	A 冲动　　B 决定	A								○
		B							○	
34	A 热衷　　B 文静	A	○							
		B		○						
35	A 文静　　B 外向	A		○						
		B	○							
36	A 有系统　　B 随意	A							○	
		B								○
37	A 理论　　B 肯定	A				○				
		B			○					
38	A 敏感　　B 公正	A						○		
		B					○			
39	A 令人信服　　B 感人的	A					○			
		B						○		
40	A 声明　　B 概念	A			○					
		B				○				
41	A 不受约束　　B 预先安排	A								○
		B							○	
42	A 矜持　　B 健谈	A		○						
		B	○							
43	A 有条不紊　　B 不拘小节	A							○	
		B								○
44	A 意念　　B 实况	A				○				
		B			○					
45	A 同情怜悯　　B 远见	A						○		
		B					○			
46	A 利益　　B 祝福	A					○			
		B						○		
47	A 务实的　　B 理论的	A			○					
		B				○				

续前表

序号	问题描述	选项	E	I	S	N	T	F	J	P
48	A 朋友不多　　B 朋友众多	A		○						
		B	○							
49	A 有系统　　B 即兴	A							○	
		B								○
50	A 富有想象的　　B 以事论事	A				○				
		B			○					
51	A 亲切的　　B 客观的	A						○		
		B					○			
52	A 客观的　　B 热情的	A					○			
		B						○		
53	A 建造　　B 发明	A			○					
		B				○				
54	A 文静　　B 爱合群	A		○						
		B	○							
55	A 理论　　B 事实	A				○				
		B			○					
56	A 富有同情　　B 合逻辑	A						○		
		B					○			
57	A 具分析力　　B 多愁善感	A					○			
		B						○		
58	A 合情合理　　B 令人着迷	A			○					
		B				○				

4. 哪一个答案最能贴切地描绘你一般的感受或行为

序号	问题描述	选项	E	I	S	N	T	F	J	P
59	当你要在一个星期内完成一个大项目，你在开始的时候会 A. 把要做的不同工作依次列出 B. 马上动工	A							○	
		B								○
60	在社交场合中，你经常会感到 A. 与某些人很难打开话匣儿和保持对话 B. 与多数人都能从容地长谈	A		○						
		B	○							

续前表

序号	问题描述	选项	E	I	S	N	T	F	J	P
61	要做许多人也做的事，你比较喜欢 A. 按照一般认可的方法去做 B. 构想一个自己的想法	A			○					
		B				○				
62	你刚认识的朋友能否说出你的兴趣？ A. 马上可以 B. 要待他们真正了解你之后才可以	A	○							
		B		○						
63	你通常较喜欢的科目是 A. 讲授概念和原则的 B. 讲授事实和数据的	A				○				
		B			○					
64	哪个是较高的赞誉或称许？ A. 一贯感性的人 B. 一贯理性的人	A						○		
		B					○			
65	你认为按照程序表做事 A. 有时是需要的，但一般来说你不大喜欢这样做 B. 大多数情况下是有帮助而且是你喜欢做的	A								○
		B							○	
66	和一群人在一起，你通常会选 A. 跟你很熟悉的个别人谈话 B. 参与大伙的谈话	A		○						
		B	○							
67	在社交聚会上，你会 A. 是说话很多的一个 B. 让别人多说话	A	○							
		B		○						
68	把周末期间要完成的事列成清单，这个主意会 A. 合你意 B. 使你提不起劲	A							○	
		B								○
69	哪个是较高的赞誉或称许？ A. 能干的 B. 富有同情心	A					○			
		B						○		

续前表

序号	问题描述	选项	E	I	S	N	T	F	J	P
70	你通常喜欢 A. 事先安排你的社交约会 B. 随兴之所至做事	A							○	
		B								○
71	总的说来，要做一个大型作业时，你会选 A. 边做边想该做什么 B. 首先把工作按步细分	A								○
		B							○	
72	你能否滔滔不绝地与人聊天？ A. 只限于跟你有共同兴趣的人 B. 几乎跟任何人都可以	A		○						
		B	○							
73	你会 A. 跟随一些证明有效的方法 B. 分析还有什么毛病，及针对尚未解决的难题	A			○					
		B				○				
74	为乐趣而阅读时，你会 A. 喜欢奇特或创新的表达方式 B. 喜欢作者直话直说	A				○				
		B			○					
75	你宁愿替哪一类上司（或者老师）工作？ A 天性纯良，但常常前后不一的 B 言词尖锐但永远合乎逻辑的	A					○			
		B				○				
76	你做事多数是 A 按当天心情去做 B 照拟好的程序表去做	A								○
		B							○	
77	你是否 A 可以和任何人按需求从容地交谈 B 只是对某些人或在某种情况下才可以畅所欲言	A	○							
		B		○						
78	要作决定时，你认为比较重要的是 A 据事实衡量 B 考虑他人的感受和意见	A					○			
		B						○		

5. 在下列每一对词语中，哪一个词语更合你心意

序号	问题描述	选项	E	I	S	N	T	F	J	P
79	A 想象的　B 真实的	A				○				
		B			○					
80	A 仁慈慷慨的　B 意志坚定的	A						○		
		B					○			
81	A 公正的　B 有关怀心	A					○			
		B						○		
82	A 制作　B 设计	A			○					
		B				○				
83	A 可能性　B 必然性	A				○				
		B			○					
84	A 温柔　B 力量	A						○		
		B					○			
85	A 实际　B 多愁善感	A					○			
		B						○		
86	A 制造　B 创造	A			○					
		B				○				
87	A 新颖的　B 已知的	A				○				
		B			○					
88	A 同情　B 分析	A						○		
		B					○			
89	A 坚持己见　B 温柔有爱心	A					○			
		B						○		
90	A 具体的　B 抽象的	A			○					
		B				○				
91	A 全心投入　B 有决心的	A						○		
		B					○			
92	A 能干　B 仁慈	A					○			
		B						○		
93	A 实际　B 创新	A			○					
		B				○				

	E	I	S	N	T	F	J	P
每项总分								

6. 评分规则

（1）当你将●涂好，把 8 项（E、I、S、N、T、F、J、P）分别加起来，并将总和填在每项最下方的方格内。

（2）请复查你的计算是否准确，然后将各项总分填在下面对应的方格内。

每项总分

外向	E			I	内向
实感	S			N	直觉
思考	T			F	情感
判断	J			P	认知

7. 确定类型的规则

（1）MBTI 以四个组别来评估你的人格类型倾向：

“E—I”“S—N”“T—F”和“J—P”。请你比较四个组别的得分。每个子别中，获得较高分数的那个类型，就是你的人格类型倾向。例如：你的得分是：E（外向）12 分，I（内向）9 分，那你的类型倾向便是 E（外向）了。

（2）将代表获得较高分数的类型的英文字母，填在下方的方格内。如果在一个组别中，两个类型获同分，则依据下边表格中的规则来决定你的类型倾向。

评估类型

同分处理规则

假如 E=I	请填上I
假如 S=N	请填上N
假如 T=F	请填上F
假如 J=P	请填上P

实践活动

结合人才测评报告以及相关分析方法，对自己进行全方位、多角度的分析。

1. 职业价值观——最看重什么

我的人才素质测评报告结果显示前三项是××取向（×分）、××取向（×分）和××取向（×分）。我的具体情况是……

2. 职业兴趣——喜欢干什么

我的人才素质测评报告中，职业兴趣前三项是××型（×分）、××型（×分）和××型（×分）。我的具体情况是……

3. 职业能力——能够干什么

我的人才素质测评报告结果显示，××能力得分较高（×分），××能力得分较低（×分）。我的具体情况是……

4. 个人特质——适合干什么

我的人才素质测评报告结果显示……我的具体情况是……

5. 胜任能力——优劣势是什么

我的优势能力	我的弱势能力

自我分析小结：

____

____

____

____

____

第三章　发展职业生涯　把握生命轨迹

核心提示

职业生涯是整个人生规划的展开，我们在确定自己的人生目标后，就必须考虑向哪一路线发展。事实证明，每个人都有适合其发展的路径，但每个人都彼此不同，谁也不能完全复制别人的成功之道。

名人名言

只有经过长时间完成其发展的艰苦工作，并长期埋头沉浸于其中的任务，方可望有所成就。

——黑格尔

对于大多数人而言，其职业生涯都会跨越其人生中精力最充沛、知识经验日臻丰富和完善的几十年，职业为个人创造了迎接挑战、实现自我价值的重要机会和广阔空间。职业生涯发展是指通过学习知识、提高技能、积累经验等手段，改善当前或未来的知识、能力和素质结构，发展与职业生涯目标相适应的职业能力的过程。

第一节　职业决策

由于每个人的智力条件、生理和心理结构、受教育程度、生活环境和生活方式等不同，因而会形成各具差异的职业素质结构和从业志向，使得每个人在进行职业决策之前会充分考虑各方面因素。

职业决策是在自我价值观念的指导之下，以个人的需要和利益为出发点，对职业生涯的设计与职业目标进行全方位思考、做出有利于职业发展的决定。职业决策是一个复杂的认知过程，个人通过分析自我以及职业环境的信息，慎重考虑各种可供选择职业的前景，最后做出决定。对于一个尚未涉足职业世界或经验不足的人来说，在进行职业决策时都需要有科学理论的指导。

一、职业—人匹配理论

1. 帕金森的职业—人匹配理论

这是用于职业选择和职业指导的经典性理论。该理论最早由美国波士顿大学教授帕金森提出。1909 年，帕金森在其《选择一个职业》著述中，明确阐明个体进行职业选择时的三大要素或条件：

（1）应清楚了解自己的态度、能力、兴趣、智谋、局限和其他特征；

（2）应清楚了解职业选择成功的条件，所需知识，在不同职业工作岗位上所占有的优势、不利和补偿、机会和前途；

（3）上述两个条件的平衡。帕金森的理论内涵即是在清楚认识、了解个人的主观条件和社会职业岗位需求条件基础上，将主客观条件与社会职业岗位（对自己有一定可能性的）相对照、相匹配，最后选择一个与个人匹配相当的职业。

帕金森的职业—人匹配理论所指的“匹配”分为两种类型：

（1）因素匹配。即所需专门技术和专业知识的职业与掌握该种特殊技能和专业知识的择业者相匹配。例如有些劳动密集型的职业要求吃苦耐劳、体格健壮的劳动者，有些精密技术类的职业要求细心耐心、掌握特定技术的人员。

（2）特性匹配。即所需某些特定个人素质和心理特质的职业与具有这种特性的择业者相匹配。例如具有敏感、易动感情、不守常规、个性强、理想主义等人格特性的人，宜于从事审美性、自我情感表达的艺术创作类型的职业；具有开拓、外向、积极进取等人格特性的人，宜于从事社会交际、开放进取的推销或管理类型的职业。

帕金森的职业—人匹配理论，至今仍然广泛地影响着职业管理学、职业心理学的发展。

2. 霍兰德的个性职业匹配理论

霍兰德长期从事职业咨询工作，是该领域的里程碑式人物。他的个性职业匹配理论（Typology Approach），又称为职业人格类型理论、人业互择理论等，主要体现在《职业选择》（Making vocational choice）一书中。他认为，一个人之所以选择某职业领域，主要受到其兴趣和人格的影响，生涯选择是个人在对特定职业类型进行认同后，个人人格在工作世界中的表露或延伸。自我和职业认知的比较，及后续的接纳或排斥是生涯选择中主要的决定因素。

霍兰德通过对大多数人的职业兴趣的研究，提出了六种人格类型：现实型（Realistic）、研究型（Investigative）、艺术型（Artistic）、社会型（Social）、企业型（Enterprising）、常规型（Conventional）。同时，提出有六种环境模式与这六种人格类型相对应。霍兰德用六种不同的人格特质来给不同的工作环境命名，每种工作环境都有相应人格类型的人主导。例如，在现实型环境中，大多数人都是会是现实型人格，其他五种类型以此类推。

个体决定选择一份工作时，就必定会希望能够在其中充分施展才能，实现个人的价值并遵循所认可的规律。但是如果不能进入个人最适合的职业环境，大部分人就会退而求其次来寻找其他更好的选择。因此在职业决策的过程中，人们寻找的是能够施展他们的技能同时表现他们的态度、价值观和人格的职业；人们的职业行为是由其人格和环境特征的相互作用所决定的。霍兰德指出，当个体的职业兴趣类型与环境类型一致和相容时，个体会产生较多的满意感、较多的工作投入和较少的工作转换，而不相容的则相反。

个体可以通过自我测定来发现自己的个性类型并依据个性类型来选择相应的职业。霍兰德编制了自我职业倾向测定量表（SDS）作为人格类型和职业倾向测定的工具，具有较强的实用性。霍兰德的个性类型分类和测定量表可以作为职业咨询和职业选择的初步依据。

二、职业决策的原则

在进行职业决策时，必须对个人的自身特征，包括个人的人格、兴趣、能力、价值观等有较清晰的了解。一般来说，职业决策的内容包括对职业的评价、意向，对就业所持的态度，以及从社会现有的职业中选择其一的过程。职业决策是一个选择与放弃的历程。每一种职业选择都有其优点和缺点，都有不同的机遇和挑战，职业决策也是有风险的，每一种选择都不能简单地用对错来衡量，这种不确定性也增加了决策的难度，如何选择取决于个人的决策能力和努力。尽管在职业决策过程中，不同的人职业价值观不同，所要达到的目标不同，但是，在职业选择的过程中，应遵循基本的择业原则。

1. 选择自己感兴趣的职业

获得诺贝尔物理奖的华人丁肇中说：“兴趣比天才重要。”实践证明：在影响个人职业生涯规划与发展的众多主观因素中，兴趣就像一双无形的手，所起的作用最大。兴趣是最好的老师，是最初的动力，也是成功之母。无数事实证明，兴趣和职业深深地结合，可以铸就一个人辉煌的职业生涯。

资料链接

比尔·盖茨的职业生涯发展

比尔·盖茨出生于美国西部城市西雅图的一个中产家庭，小时候瘦小笨拙，酷爱电脑。由于兴趣所致，13 岁时开始练习编写电脑程序，14 岁已在学校一个与电脑有关的组织担任主席，17 岁向学校售出自己的第一个程序，赚了 4 200 美元。他 19 岁的时候就读于著名的哈佛大学，然而，兴趣的魔力使他依然放弃了别人梦寐以求的在哈佛大学求学的机会，中途退学，与朋友保罗·艾伦创办了微软公司。1980 年，微软成功地推出 MS-Dos 操作系统软件，几乎所有的个人电脑都安装了这个软件。1985 年，微软又推出了革命性的视窗系统，从此，微软在电脑领域称霸世界。2006 年，比尔·盖茨宣布，他将在今后两年内淡出微软公司日常事务，把主要精力集中在卫生及教育慈善事业上。比尔·盖茨也因此 20 多年蝉联世界首富，盖茨在福布斯杂志 2014 年全球富豪榜排行第一，总资产达 760 亿美元。

一个人如果能够根据自己的兴趣和爱好去选择工作，他的主动性就会得到充分发挥，即便是工作枯燥，兴趣也会使工作变成一种享受和满足。研究资料表明，如果一个人对某项工作有兴趣，通常能够发挥出个人才能的 80%以上，并能长时间地保持高效率而不疲劳。相反，如果对某项工作没有兴趣，则只能发挥出个人才能的 20%～30%，并且容易感到疲劳、厌倦。从心理学的角度看，一个人只有对某项职业有兴趣，才会从内心激发起对该事物强烈的求知欲和探索欲望，才能积极地总结经验，摸索规律从而有所突破，有所创造。因此，兴趣是个人职业成功的重要推动力，可以最大限度地调动个人的潜能和积极性，并使个人长期专注于某一领域，因此也更容易取得职业的成功。

因此，选择职业时，应尽可能地考虑自己的特点和兴趣，选择自己喜欢的职业。

2. 选择能发挥个人优势的职业

学生在面临职业选择时，要根据自己的综合素质情况，侧重某一特长或优势来选择职业，以利于在职业岗位上出色完成本职工作。如果不能根据自己的特点选择适合自己的职业，把收入、工作地点看得过重，最终可能会被淘汰。

由于个人的能力类型有所不同，同样的能力有强势和弱势之分。同时，不同的职业由于其工作性质、内容和环境的差异，对从业者的能力的要求也不尽相同。所以在进行职业决策时，应充分考虑如何发挥个人相对优势的能力。每个人都有多种类型的能力，在这些能力当中，一定有某种或某几种能力特别突出，其他方面的能力则相对较弱。我们说选择职业要结合个人能力，其实主要也是考虑个人的优势能力。尺有所短，寸有所长。也许一个人兴趣广泛，掌握多种技能，但在短暂的一生中却无法穷尽所有的专业和技能。有些人善于与人打交道，有些人则更适于管理机器物品。因此，在职业选择时，只有扬其长、避其短，选择最有利于发挥自己优势的职业，才可以最大限度地发挥潜力，有所成就。

资料链接

艾柯卡的故事

1946 年 8 月，21 岁的艾柯卡来到底特律，在福特公司当了一名见习工程师，从而开始了他在汽车业中的传奇生涯。然而，实习尚未结束，艾柯卡对整天同无生命的机器打交道的工作已感到索然无味。他感兴趣的是到销售部门同人打交道。经过一番努力，福特公司宾夕法尼亚州的地区经理终于给了他一个机会，他当上一名推销员。

推销员工作充满了酸甜苦辣。艾柯卡虚心好学，竭尽全力去干，很快学会了推销的本领，不久，他被提拔为宾夕法尼亚州威尔克斯巴勒的地区经理。几个月后，年仅32岁的艾柯卡又调到福特公司总部，担任卡车和小汽车两个销售部的经理，46岁升为公司总裁。他创下了空前的汽车销售纪录，公司获得了数十亿美元的利润，从而成为汽车界的风云人物。

艾柯卡54岁时被亨利·福特二世解雇，同年以总裁身份加入濒临破产的克莱斯勒公司。六年后，创下了24亿美元的盈利纪录，比克莱斯勒此前60年利润总和还要多。艾柯卡也成为美国家喻户晓的大人物，美国人心目中的英雄。

3. 选择自己能胜任的职业

职业胜任是指在职业活动中，个人能力、人格等品质特征能够满足职业要求的状态。这个概念是1973年美国心理学家麦克米兰首次提出，是指能将某一工作中有卓越成就者与普通者区分开来的深层次的个人特征，它可以是动机、特质、自我形象、态度或价值观、某领域知识、认知或行为技能等任何可以被可靠测量或计数的并且能显著区分“优秀”与“一般绩效”的个体特征。职业胜任是指在职业选择中，应考虑工作的实际需要，考虑自己的学识水平、身体素质、个性特点、能力倾向等是否符合职业要求，不能盲目攀比，就高不就低。

选择力所能及的工作，干起来会感到得心应手、驾轻就熟、心情舒畅，而且能充分发挥自己的积极性和创造性。而对于不能胜任的工作，就很难把它做好，并且很快会产生自卑感，认为自己是无用的人。由此产生的结果必然是妄自菲薄、自谴自贱。这是一种非常痛苦的感情，使人感到巨大的压力和恐慌，从此失去快乐和自信，变得厌世和绝望。内心承受极大的压力，甚至会患上慢性疲劳综合症、抑郁症等危害身心健康的疾病。

小贴士 **职业胜任力测试**

胜任力测评是以心理学、管理学为基础，通过心理测试、情景模拟或360度评价等方法对人员的胜任力进行的测量评价，为企业招聘、选拔、岗位安置、培训、职业规划等人才管理和开发工作提供有价值的参考信息。一般包括职业相关的专业知识和能力测评、通用能力测评（语言、理解、言语、逻辑等）、职业倾向性测评等。其核心就是要求实现人职匹配。

4. 尽量选择与专业相对口的职业

专业对口是指求职者已具有的专业知识和技能与所要从事的职业有直接或较近的联系。专业是职业的前奏，一般情况下，个人所选择的专业性质基本决定了未来职业的性质。这是因为，在决定学习某个专业之前，或在学习专业知识与技能的过程中，对所定的专业，大多都具有一定的兴趣和了解。

尽管当今社会人们不再择一职而定终身，但人们不得不承认这样一个事实，在选择专业之时，其实就已经基本限定了一个人今后的发展方向和前进道路。为了珍惜自己已获得的专业知识，学以致用，并在此基础上充分施展才能，更多的人在选择职业时，十分看重工作本身所能给予他们的需要的满足程度、专长的运用程度，以及从中所能获得的成就感和有利于个体发展的长远机会。他们认为，选择专业对口的职业，才会感到有足够的信心和心理准备，否则的话，学非所用，不能发挥专业优势。

对于用人单位来说，他们也希望能选择专业对口的人才，这样就不用花费太多的时间和经费进行培训，使其可尽快上岗。我们在这里所说的专业对口，是指专业的基本对口。因为在实际择业时，要想做到完全对口是比较困难的。总之，择己所长，才能在职业岗位上大显身手。

三、职业决策的内容

职业决策的内容很多，大到人生价值与职业理想，小到职业岗位与就业方向，在综合考虑影响职业选择的众多因素的基础上，在个人的职业生涯发展过程中，有以下几项职业决策的主要内容：

（1）选择何种行业。俗话说，“隔行如隔山”，即便是同样的岗位，在不同的行业也有不一样的具体要求。

（2）选择行业中的何种工作。行业是个人职业发展的平台，选定了行业背景后，还需要确定具体的职业定位、岗位等。

（3）如何获得特定的工作机会。如要获得心仪的工作机会，就需要具备与该工作机会相对应的求职策略。

（4）选择工作地域。个人对工作地域的倾向性往往是很难改变的，在很大程度上直接影响到职业决策。

（5）选择工作组织与工作取向。个人的工作作风一定程度上需要适应组织的工作氛围，同时又要保持个人的风格和特色。

（6）选择职业生涯升迁目标阶梯。职业决策应包括对职业生涯升迁目标阶梯的设计。

思考与讨论

结合上述职业决策的四个基本原则，进行个人优势与劣势分析。

1. 个人优势分析

（1）你曾经做过哪些重要而有意义的事情？即你已有的人生经历和体验。如在学校期间担当的职务，曾经参与或组织的实践活动，获得过的奖励等。

（2）你学到了什么？个人知识和技能结构中引以为傲的方面。

（3）你最成功的是什么？你可能取得过很多成绩，但最成功的是什么？为何成功，是偶然还是必然？

分析要点：个人优势，即个人已表现出来的能力。敏锐地发现自己的优点比一天到晚检讨自己的缺点更重要。只有知道自己最擅长的是什么，才能找准努力的方向。

2. 个人劣势分析

（1）性格弱点。一个独立性强的人会很难与他人默契合作，而一个优柔寡断的人绝难担当企业管理者的重任。

(2) 经验或经历中所欠缺的方面。也许你曾多次失败，就是找不到成功的捷径；需要你做某项工作，而之前从未接触过，这都说明经历的欠缺。欠缺并不可怕，怕的是自己还没有认识到，而一味地不懂装懂。

分析要点：个人劣势，即个人素质中尚欠缺的方面。卡耐基曾说，人性的弱点并不可怕，关键要有正确的认识，认真对待，尽量寻找弥补、克服的办法，使自我趋于完善。

第二节　职业生涯发展阶段

个人在不同的发展阶段，对人生的追求和职业的需要是不同的。认识到职业发展道路的阶段性和渐进性对个人进行职业生涯规划是十分重要的，这促使我们客观地评价自己和他人，做到不冒进、不沮丧，心中有数地向职业目标迈进。

一些著名的管理学专家对职业生涯发展过程进行了长期研究，他们发现并总结了许多关于职业生涯发展的理论和规律，其中美国著名的职业生涯规划大师萨柏（Donald E. Super）所提出的“生涯彩虹图”和职业生涯发展阶段理论影响深远。

为了更好地阐述个人职业生涯发展阶段与角色彼此间的相互影响，萨柏创造性地描绘出一个多重角色生涯发展的综合图形——“生涯彩虹图”，形象地展现了生涯发展的时空关系，更好地诠释了“生涯”的定义。在生涯彩虹图（图 3—1）中，纵向层面代表的是纵观上下的生活空间，由一组职位和角色所组成，分成子女、学生、休闲者、公民、工作者、持家者六个不同的角色，他们交互影响交织出个人独特的生涯类型。

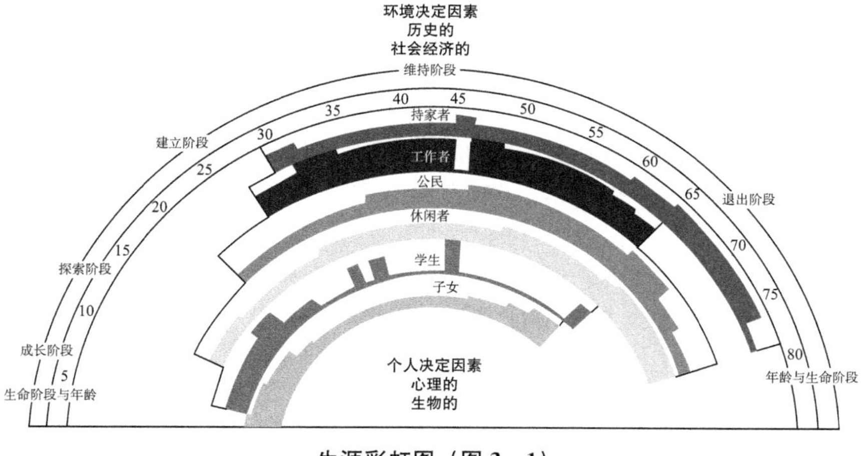

生涯彩虹图（图 3—1）

从终生发展角度出发，萨柏把整个人生分为成长阶段、探索阶段、立业与发展阶段、维持阶段和衰退阶段。由于成长阶段属于非职业范畴，故把它省略，即职业生涯分为四个阶段：探索阶段、立业与发展阶段、维持阶段和衰退阶段，处于各个阶段的人有不同的追求。

一、职业探索阶段

这一阶段开始于青年人刚涉足工作，到25岁左右结束，这是一个自我考察、角色扮演、探索职业方向的阶段。在这一阶段，个人会认真地探索各种可能的职业选择，对自己的能力和天赋进行评价，并会根据未来的职业选择做出相应的教育和培训的决策，完成初次择业和就业。

该阶段的主要特点是：个人试探性地选择自己的职业，试图通过变动不同的工作或工作单位而选定自己一生将从事的职业，个体希望经常调换不同工作的愿望十分强烈，如在本单位得不到满足，则往往会跳槽。因此，跳槽率也高。从企业组织来说，就要了解就业初期青年人的这一特点，给予选择职业方面的引导，并努力为他们提供多种工作，特别是具有挑战性又能吸引他们兴趣的工作机会和他们自我探索的机会。

二、立业与发展阶段

这个阶段的年龄一般在25～45岁之间，属于选择、安置阶段。经过早期的试验和探索之后，个人就逐渐显现出一种安定于某种职业的倾向，从职业认同到经验积累、独当一面，甚至在职业中获得晋升的机会。在立业与发展阶段，个人基本上找到了一个比较合适自己的职业，并寻求在这一领域里有所建树，以建立自己的地位。这一时期职业生涯规划的特点是：个人在职业生涯中，主要关心的是在工作中成长、发展和晋升，这些对他们的激励作用也最大。该阶段是大多数人职业生涯周期中的核心部分。

三、职业维持阶段

这一时期年龄一般在45～60岁之间，属于专精和升迁阶段。到了这一阶段，大多数人通常已经有了一定的成就和地位，需要做的工作就是最大限度地维持和巩固已有的地位。处于这一阶段的人，尚有发展的可能，但相对来说，他们对成就和发展的期望减弱，在这一时期，有部分人也可能做出新的职业选择，重新调整自己的职业生涯，也有部分人可能进入“事业高原”阶段，知识和能力已经停滞，开始步入衰退阶段。

四、职业衰退阶段

这一阶段一般为60岁以后的职工，属于退休阶段。临近退休时段，健康状况和工作能力出现衰退，处于这一阶段的人正在准备退休，即将退出工作，开始发展新的角色，寻求不同的工作方式，以满足身心需求。

萨柏以年龄为依据对职业生涯阶段进行了划分，但是在现实中职业生涯往往是一个持续不断的过程，各个阶段的时间界限并不明确，每个人各个阶段所经历的时间长短也各不相同。针对个人的实际情况，及时准确地了解自己所处的职业阶段是职业成熟的一个重要标志。

第三节　职业生涯发展路线与职业通道

一、职业生涯发展路径

职业生涯是整个人生规划的展开，在确定个人的职业目标后，就必须考虑向哪一路线发展。美国麻省理工学院的埃德加·谢恩提出了个人的三种职业发展路径：

一是内向圆运动。这是一种不太明显的发展途径，因为它不需要个人在知识和技能方面发生重大的改变，是个体凭借原有的基础在某一个部门中逐步接近决策中心的运动过程。这一步骤本身往往是晋升的必要准备，因为个体在某一个部门了解的信息越多，对整个机构的发展也就越清楚，得到的机会也就越多。

二是垂直向上的运动。这是人们最熟悉的发展路径。最常见的情况是，一个人通过自己的智力和意志掌握新知识与新技能，逐步精通业务和善于沟通，最后青云直上，在组织中登上更高的位置。这种发展途径决定于个体的发展潜力、对压力的耐受力以及继续进修学习的意志。

三是水平发展式运动。这种路径主要是指在机构内部一系列职能部门之间进行水平移动，而不是向更高的职务发展，这种短期水平运动的方法也可能成为某些人长期发展的源泉。一个人在其职业生涯中经历过许多不同的工作或岗位，然后成为组织中重要的人物，这已是常见的现象。

二、职业路线与职业通道

职业生涯路线选择的重点是对职业生涯选择诸要素进行系统分析，在对职业理想、职业能力、职业环境三方面的要素进行综合分析的基础上确定自己的职业生涯路线。职业生涯路线实际上是指一个人选定职业后从什么方向上实现自己的职业目标，是向专业技术方向发展，还是向行政管理方向发展。发展方向不同，要求就不同。因此，在职业生涯规划时必须对此作出选择，以便安排今后的学习和工作，使其沿着职业生涯路线发展。当然，职业生涯路线也可能出现交叉与转换，这可以根据自身的情况来决定。

职业通道是指一个人进入职业组织以后的发展计划。个体通过在组织内部不断地寻求或调整可能的职业发展方向和发展机会，在组织中通过变换工作岗位以得到不断的提升。

下面给出几种典型的职业路线与职业通道：

1. 技术型

典型特征：职业选择时，主要注意力是工作的实际技术或职能内容。即使提升，也不愿到全面管理的位置，而是愿意在技术职能区提升。

成功标准：在本技术区达到最高管理位置，保持自己的技术优势。

主要职业领域：工程技术、财务分析、营销、计划、系统分析等。

典型职业通道：财务分析员—主管会计—财务部主任—公司财务副总裁

2. 管理型

典型特征：能在信息不全的情况下，分析解决问题，善于影响、监督、率领、控制组织成员，能为感情危机所激励，善于使用权力。

成功标准：管理越来越多的下级，承担的责任越来越大，独立性越来越强。

主要职业领域：政府机构、企业组织及其各部门的主要负责人。

典型职业通道：工人—生产组组长—生产线经理—部门经理—行政副总裁—总裁

3. 稳定型

典型特征：依赖组织，寻求稳定，倾向于按组织要求行事，高度的感情安全，不追求新奇和刺激，考虑福利报酬和退休金。

成功标准：一种稳定、安全、氛围良好的工作、家庭环境。

主要职业领域：教师、医生、研究人员、勤杂人员。

典型职业通道：助教—讲师—副教授—教授

4. 创造型

典型特征：要求有自主权、管理才能、能施展自己的特殊才能、喜好冒险、力求新的东西、经常转换职业。

成功标准：建立或创造某种东西，他们是完全属于自己的杰作。

主要职业领域：发明家、风险性投资者、产品开发人员、企业家。

典型职业通道：无典型职业通路，极易变换职业或干脆自己单独干。

5. 自主型

典型特征：随心所欲制定自己的步调、时间表、生活方式和习惯，组织生活是不自由的、侵犯个人的。

成功标准：在工作中得到自由与欢乐。

主要职业领域：学者、职业研究人员、手工业者、工商个体户。

典型职业通道：自由领域中发展自己的个人事业。

当然，人生的发展并非就是沿着一条路线发展，也可以先沿一条路线走，发展一个时期后，再转入加一条路线也是可以的。例如，先沿着专业技术路线发展，然后再转入行政管理路线等。

那么如何选择职业生涯路线呢？应考虑以下三个问题：

第一个问题，我想往哪一路线发展？该问题是通过对自己的兴趣、价值、理想、成就动机等因素的分析，确定自己的目标去向。即，自己兴趣是在哪一方面，自己非常希望走哪一路线。

第二个问题，我能往哪一路线发展？这个问题是通过对自己的性格、特长、智能、技能、情商、学历、经历等因素的分析，确定自己的能力取向。即，自己能向哪一条路线发展。也就是说，自己走这一路线，是否具有这方面的特长，是否具有这方面的优势。

第三个问题，我可以往哪一路线发展？它是通过对自身处的组织环境、社会环境、经济环境的分析，确定自己的机会取向。即，内外环境是否允许自己走这一路线，是否有发展的机会。

对以上三个问题，进行综合分析，以此确定自己的最佳职业生涯路线。发展路线不同，对职业的要求也就不同，这一点不能忽视。因为即使同一职业，也有不同的岗位。有的人适合搞行政，可在管理方面大显身手，成为一名卓越的管理人才；有的人适合搞经营，可在商海大战中屡建功勋，成为一名经营人才。

在确定职业生涯目标和职业路线之后，这时就要选择相应的职业，从而迈出我们实施职业生涯规划最关键的一环。

案例研究

小王和小林在校时是好朋友，毕业后，小王千方百计去了一家大公司，小林则进了一家只有几十人的小公司。小王认为，个人要想发展，就应当进大公司，因为公司名气大，牌子硬，管理规范，发展的机会很多。小林则认为，公司大小并不重要，重要的是要能施展自己的才能，实现自己的价值，小公司虽然人少，个人发展的机会可能反而更多。参加工作后，由于小王所在的公司人才济济，他只能做一些与自己专业联系不太大的杂活，在相当长的一段时间里，他所在部门的重要工作都由领导安排其他人做，根本轮不到他去实现自己的愿望，可谓英雄无用“武”之地。小林的公司则由于人手少，有活大家一起干，工作成果见效快，他的才能在这里很快就显露出来。不久，小林的公司由于业务发展，公司请他出任策划部经理。

此案例在我们现实生活中比比皆是，有些同学一毕业就想去大城市、大公司，期望值很高，结果一旦梦想“破灭”，又怨天尤人。

其实对一个没有工作经历的人而言，越是在小公司，越可以锻炼综合能力，更重要的是，人的起落，是有条件的，需要积累，需要一个平台一个平台地上“档次”，每一个大学毕业即将走向社会的大学生都应当做好自己的职业生涯设计。

第四节　职业生涯机会评估

每个人都生活在一定的环境中，其成长和发展都与环境有着密不可分的关系。所谓职业生涯机会评估，主要就是分析内外部环境因素对个人的职业生涯发展的影响。在进行职业生涯规划时，必须考虑个人所处的环境特点与环境变化，以及环境因素对个人的影响，对各种可能影响到职业的外部力量加以衡量、评估，才能保证其科学性和正确性。一般来说，外部环境包括社会环境、行业环境、组织环境等。

一、社会行业环境与职业发展

世界在迅速变化，科学技术的发展改变了整个社会的生活方式和企业的运作模式。大量的事实表明，职业必须与社会环境相适应，与组织环境相适应。与社会环境与组织环境不适应的人，很难在职业生涯中有所发展，能在职业生涯中取得丰硕成果的是能适应环境变化的人。

据国际劳工组织统计，目前就业问题比较严重的国家占74%。在我国，虽然随着经济的发展，劳动力需求的总量在不断增加，然而，由于劳动力供给数量巨大，经济增长过程中所能提供的就业机会明显不足，就业压力不仅未能得到有效缓解，相反还有扩大之势。中国的劳动力有7.4亿，每年新增劳动力1 000万，下岗和失业人口大约1 400万，进城的农民工一般保持在1.2亿。与此同时，高校毕业生的就业问题越来越突出，尤其是在今后几年将更加突出。如2006年全国普通高等毕业学校毕业生数量达413万人，而1999年只有101万，短短7年净增312万，增幅达308.9%。

如此严峻的形势要求高校既要不断提高人才培养的质量和社会适应性，还要加强对学生创业能力的培养。高校毕业生不只是为了自己就业，还要创业，创造更多的岗位，使更多人能够就业。

1. 社会环境的构成

社会环境对职业生涯规划有重要影响，社会环境具有极大的不确定性，分析起来是相当复杂的。人们通常把社会环境分为五大类，即经济环境、人口环境、科技环境、政治与法律环境、社会文化环境。

（1）经济环境。经济环境是影响职业选择和职业发展的重要因素，具体来说，经济环境方面的因素主要有：

经济形势。经济形势的变化对职业的影响是最为明显又最为复杂的。当经济处于萧条时期，企业的效益降低，对人力资源的需求减少，因而职业发展的机会减少；当经济处于高速发展的时期，企业处于扩张阶段，对人力资源需求量增加，职业选择和职业发展的机会增多。

劳动力市场供求状况。劳动力市场供求状况对职业选择和职业发展会产生重要影响。如某类职业的人力资源供不应求，则职业选择和职业发展的机会增多；相反，某类人才供过于求，职业选择和职业发展的机会减少。普遍的情况是高级管理人才和高级技术人才不足，而没有技能和只有一点初级技能的劳动力供给相对充裕。

收入水平。社会对人力资源的需求是一种派生需求，当人们的收入水平提高时，对商品消费的需求会增加，企业扩大生产，从而增加对人力资源的需求，职业选择和职业发展的机会增多；相反，当人们的收入水平降低时，职业选择和职业发展的机会减少。

（2）人口环境。人口环境尤其是个人所在地区的人口因素对职业选择与职业发展有重要影响。其影响主要包括：

人口规模。社会总人口的多少影响社会人力资源的供给，从而影响着职业选择发展的机会。总人口越多，个人职业选择与职业发展的机会就越少；相反，个人职业选择与职业发展机会就越多。

年龄结构。不同的年龄段有不同的追求，在收入、生理需要、价值观念、生活方式、社会活动等方面存在差异性，这决定了他们的职业价值观的不同。不同年龄段人口的多少影响着职业选择和职业发展。

劳动力质量和专业结构。社会劳动力的质量和专业结构影响职业选择和职业发展的机会。如在某些地区，未经培训的普通劳动力可能很充裕，受过高级培训的劳动力可能不足；某些地区可能某方面人才比较充裕，但某方面人才相当欠缺，这些因素都会影响职业选择和职业发展。

（3）科技环境。科学技术对职业生涯规划的影响是全面的，其具体的影响表现在以下两个方面：

自动化的冲击。工业自动化的普及与提高，对工业科学化、技术化的发展起到了促进作用，给就业市场也带来了一定的影响。一方面，自动化增加了新的工作岗位；另一方面，自动化又淘汰了一些旧的工作岗位。从长远看，自动化程度的提高，有利于就业岗位供给的增加；但在短期内，有可能由自动化带来新增工作岗位的数目小于被淘汰的旧的工作岗位的数目。自动化程度的提高既为大家带来了机遇，同时也使就业竞争加剧，带来危机。

产业结构调整的冲击。我们处在一个科学技术迅猛发展的世界里，产业结构也在不断地调整，从劳动密集型产业转化到资本密集型再转化到知识密集型，给我们人生的发展提出新的挑战。这要求我们根据环境的变化不断地更新自己的知识结构，顺应产业结构的调整和社会的发展。如果不及时地学习新的技能，就会落后于社会的发展，表现为难以适应工作，导致自己的人生事业失败。产业结构的调整给人们带来危机感，但同时也提供更多的机遇，尤其对创新型人才来说，他们的发展空间更大了。

（4）政治与法律环境。我们生活在一个有政治制度和法律制度的社会里，这种政治法律环境对我们的职业选择和职业发展有着重要影响。影响职业的政治法律因素包括：政治体制、经济管理体制、人才流动的政策等。如政府有关人员招聘、工时制、最低工资的强制性制定，现行的户籍制度、住房制度、人事制度和社会保障制度，这些因素都会对职业的选择和发展产生重要的影响。但从我国的实情来看，政治与法律环境对高级人才的限制比较少，而对低层次的劳动力的限制比较多，尤其在现在下岗工人比较多的情况，许多地方出台一些政策对低层次劳动力的流入进行限制。

（5）社会文化环境。社会文化是影响人们行为、欲望的基本因素。社会文化反映人们的基本信念、价值观和规范的变动。如果一个地区的人们崇尚职业的新奇性和变换性，那么这个地区的人在各个企业之间的流动频度就高，如美国公民普遍喜欢市场的契约制度；如果人们追求工作的安全感和稳定性，那么人力资源在各企业之间的流动就相对较少，如日本公民喜欢终身雇佣制。我国是一个大国，社会文化的复杂性决定个人职业选择与职业发展要考虑企业所在地的文化因素，如我国沿海地带的公民可能喜欢与雇主保持契约关系，而内地的公民可能喜欢传统的、稳定的雇佣制度。

2. 社会环境变化趋势

现代社会的发展不可避免地影响我们的职业选择与职业发展。

（1）城市化趋势。我国现在的城市化进程在加快，劳动力正在由农业转移到非农业就业。最近，党中央又在局部地区搞户籍制度改革试点，将放开户籍对就业的限制。这将对我们的就业市场产生重大的影响。户籍制度的开放将会使低素质的劳动力资源供给进一步增加，但由此会产生对高素质劳动力需求的增加。

（2）老龄化趋势。现在的人口统计数据表明，我国人口正在迈向老龄化阶段。老年人占整个社会人口的比例正在上升，这种人口老龄化趋势推动医疗保健行业等社会服务领域的就业机会增多。

（3）人口流动加速。大量的统计数据表明，大量人口由经济不发达地区向发达地区流动。这种人口的流动将导致沿海大城市的不断扩张。当然，这两年中央开发中西部地区的战略会对中西部地区的发展起一定的推动作用，但中西部地区的发展仍需要一段时间。就业和职业发展的机会在近期来说主要还是集中于沿海地区。

（4）加入世界贸易组织及国际化程度的加强。我国于 2001 年 12 月加入世界贸易组织，这意味着我国经济将进一步与世界接轨，自由贸易和投资运动在全球展开。我国各行业将面临全球的竞争，受冲击比较大的行业将是农业、纺织业、汽车行业等。当然，与国外交流的增多对外语人才需求的推动作用也是显而易见的。

（5）新工作模式出现。计算机网络使工作模式发生重大的改变，一些公司在为雇员创造兼顾生活各种需要的灵活工作环境：允许他们利用网络在家办公，为他们安排灵活的工作时间，向他们的家庭提供照料孩子和老人的服务，让受过相同职业培训的配偶从事同一项工作，甚至小到提供健康餐厅饭菜。在职人员现在也有了新想法，职业人士再也不依靠雇主来决定自己的前途命运了。相反，他们认为自己是“自由个体”，只要有一定的专业技能和实用技能，就能塑造自己的职业生涯。

（6）新技术。工业革命后，我们先后经历了三次技术革命。第一次革命是蒸汽机的发明和使用，第二次革命是电的发明和使用，第三次革命是以微电子和信息处理技术为代表，原子能、新材料，生物工程、空间技术等的发明和使用，计算机、互联网的使用和普及。这三次技术革命使人类社会取得了前所未有的进步，彻底地改变了我们的生活方式和工作方式，也对我们的职业选择和职业发展产生重要影响。

实践活动

我们不可避免地要受到所处社会环境的影响，它不但影响到我们的职业，还影响到我们生活的方方面面。我们已经了解社会环境的变化趋势及社会环境的变化怎样影响我们职业选择和职业发展，为了更清楚地认识我们所处的社会环境对职业选择和职业发展的影响，请大家来回答下列问题：

1. 你所在地区的经济发展形势怎样？是发展很好，还是一般或者较差？这个地区给你提供怎样的发展机会？

____

____

2. 你感兴趣的行业是处于发展上升时期，还是处于衰落时期？这个行业会为你提供哪些发展机会？机会有多大？

____

____

3. 社会可能出现哪些新兴的行业？哪些新兴的行业比较适合你的发展？

____

____

4. 社会上还有哪些地方、哪些行业和哪些企业有更好的发展机会？

____

____

5. 还有哪些重要的社会因素影响你的职业选择和发展？

____

____

二、行业环境与职业发展

在现代社会环境条件下，虽然人们的职业选择并不再像传统社会那么局限，但是行业的整体发展状况和环境总是会直接影响到企业的发展状况，进而也就影响到每个人职业生涯的发展。

行业分析包括对目前所学专业的行业和将来想从事的目标行业的环境分析。行业环境分析的主要内容包括：

1. 行业发展现状

进行行业发展现状分析，首先应了解这个行业是什么行业？这个行业是怎样一个发展趋势？是不是一个逐渐萎缩的行业（比如资源消耗大、造成环境污染的小型采矿业、小型造纸厂）？还是一个朝阳行业（比如旅游业、保险业、管理咨询行业）？

2. 重大事件对行业的影响

行业的发展往往容易受到国内国际重大事件的影响，进而影响到该行业能否提供较多的就业机会。比如，北京申办 2008 年奥运会的成功，拉动了北京乃至全国的奥运经济，给建筑业、旅游业和服务业等都提供了较大的发展空间，也提供了较多的就业机会。

3. 行业优势及问题

社会的发展变化，总是影响着各个行业的变化。所以行业的优势和劣势都是相对的。我们要特别关注的是行业目前存在的问题，是可以改进或避免的，还是无法消除的？行业是否具有优势和竞争力？这种优势会持续多久？

4. 行业发展前景预测

发展前景预测可以从两方面进行分析：一方面是行业自身的生命力，是否有技术、资金支持等；另一方面也要考虑和研究国家对相关行业的政策。政府会根据经济与社会发展状况对一些行业发布法规、政策，如对一些行业实施鼓励、扶持；对一些行业则限制发展，缩小规模。

总之，通过分析和了解影响职业生涯的行业因素，有利于个人选择有发展前途的行业和职业，有助于个人职业目标的更好实现。

三、组织环境与职业发展

个人所在的组织环境对个人职业发展有着重要的影响，当组织环境适宜于个人发展时，个人职业更容易取得成功。组织环境同社会环境一样，也在不断地变化，这些变化同样对职业提出了不同的要求。因此，在制定职业生涯规划时，个人所在的组织环境也是应考虑的重要因素。从组织内部环境看，影响职业发展的因素是多方面的，主要包括企业的一般特征、组织的发展战略、企业文化、组织的人力资源状况与制度和人力资源规划等。

1. 组织特征与职业发展

组织特征不同的企业对人力资源有不同的要求，如企业的行业属性、产品的组合结构、生产的自动化程度、产品销售方式等，决定了所有企业员工的发展空间。如对于传统性产业部门的企业，生产技术和生产手段都接近规范化和程序化，对员工的要求主要是能掌握熟练的生产技术，这类企业对创新型的高科技人才的发展不利；而一些进行新产品开发的高科技企业，需要技术创新的开发人员，创新型人才的发展空间比较大，职业也易取得发展。同样，劳动密集型企业、资本密集型企业和知识密集型企业对员工都有不同的要求。劳动密集型企业强调员工的体能，资本密集型企业强调员工的技术，知识密集型企业强调员工的科研开发能力。个人在制定职业生涯规划时，应考虑这些因素对自己职业生涯发展的影响。

案例研究

国际知名公司的用人

英特尔公司：富于创新意识。相比得 5 分的人来说，得 3 分的人也许更可取。英特尔在人们的印象中是一个不断推陈出新、升级换代的品牌，其创新精神在招聘过程中也有充分体现。英特尔公司在各高校招聘应届毕业生时，愿意招各科虽是 3 分却富于创新意识的学生（最好在校期间就完成过颇有创意性的项目）。

宝洁公司：经历尤其重要。热心社会活动者优先。如果你去宝洁公司应聘，常常会被问到是否经常参加学校的活动或组织过哪些活动。此时千万要据实以告。因为考官会接着问你许多相关的细节问题，如活动的程序、内容、参加的人数、活动过程中的突发事件和你的应变方法等。

微软公司：只要有冒险精神的人。任用有冒险精神的人。要想成为微软公司的一员绝非易事，你不仅要对软件有浓厚的兴趣，还要有丰富的想象力和敢于冒险的精神。微软公司宁愿冒失败的危险任用曾失败的人，也不愿要一个处处谨慎却毫无建树的人。另外，工作中善于与人合作也是微软公司的用人条件。

2. 组织发展战略与职业发展

每个企业都有自己的发展目标，企业的所有生产经营活动都围绕企业发展目标展开的，在人员的安排上同样也要体现企业的总体发展目标，如企业的发展目标定为进军新的产品行业，那么企业对新的行业产品的人才需求就会增加，适应新行业要求的员工就比较容易在职业上取得较好的发展。企业生产规模扩大、产品结构调整或升级、采用新生产工艺等，会导致人力资源层次发生改变，同样会使某类员工的失去发展机会。因此，在制定职业生涯规划时应考虑所在组织发展目标，把个人的发展与所在组织的发展结合起来考虑。

3. 企业文化与职业发展

企业文化是影响企业经营效益的重要因素。如果员工个人的价值观与企业文化有冲突，难以适应企业文化，这也决定他在组织中难以发展。所以企业文化是个人在制定职业生涯规划时应当考虑的一个重要因素。

4. 组织自身人力资源状况与制度

企业自身的人力资源系统对个人职业的发展有重要的影响。例如，企业年老的管理人员比较多，这意味着员工晋升的可能性比较大，发展的机会比较多。当然，企业的晋升制度、绩效考核制度、薪酬制度、培训制度等，都对员工个人的职业发展产生重要影响，这是员工个人制定职业生涯规划时应当着重考虑的因素。

现在，大型的比较正规的企业一般都制定人力资源规划，通过人力资源规划，可预测组织未来的人力资源需求总量和人力资源供给总量，从而确定组织未来的人力资源净需求量，这包括企业未来需要什么类型的人才和各种类型人才需要多少，如果员工知道企业的人力资源规划，是否有机会、有什么样的机会，进而可以把企业的人力资源需求与自己的职业发展目标结合，制定比较恰当的个人职业发展计划。

对组织的评估也有一个渐进的过程。在选择一个组织时，为了避免做出错误的选择，我们要尽可能利用可以获得的信息，了解组织的基本情况。这里我们要紧紧抓住的一条是：在组织内是否有自己的发展机会，是否能满足自己职业发展的需要。当然，在我们进入组织后，随着对组织内部的进一步了解，要对组织做重新评估，以进一步明确自己的发展目标或做出重新择业的决策。

实践活动

参考人才素质测评报告建议以及通过社会调查、咨询专家、查找资料等途径方法，对影响你职业选择的相关外部环境进行较为系统的分析。

1. 家庭环境分析

如经济状况、家人期望、家族文化等及其对本人的影响

2. 学校环境分析

如学校特色、专业学习、实践经验等

3. 社会环境分析

如就业形势、就业政策、竞争对手等

4. 职业环境分析

◆ 行业分析

（如××行业现状及发展趋势，人业匹配分析）

◆ 职业分析

（如××职业的工作内容、工作要求、发展前景，人岗匹配分析）

◆ 企业分析

（如××单位类型、企业文化、发展前景、发展阶段、产品服务、员工素质、工作氛围等，人企匹配分析）

◆ 地域分析

（如××工作城市的发展前景、文化特点、气候水土、人际关系等，人城匹配分析）

职业分析小结：

____

____

____

____

____

第四章 确定职业方向 找准人生坐标

核心提示

目标就是未来的现实，目标是行动的导航灯。成功人士，都有一个突出的特征，就是生活的方向性，即始终携带着取得人生成功的职业生涯规划，清楚自己的去向。

名人名言

宏伟的事业，只有靠实实在在的、微不足道的、一步步的积累，才能获得成功。

——稻盛和夫

职业生涯需要有清楚的目标，依据自身条件合理定位，设定具体的职业目标，对自己未来的职业方向有一定的设想。然而我们自己的职业生涯方向又要明确到什么程度？如何实现总体目标呢？

第一节　职业生涯目标管理

“你长大准备做什么?”这是我们小的时候大人们时常问的一句话。回答通常是：“我要当警官”或“我要当电影明星”等等。其实你从那时起就开始为自己谋划职业生涯目标了。在讲职业生涯目标之前，请看一则故事：

哲理故事

有一个年轻人由于职业发展问题跑来找美国著名成功学家希尔，这位年轻人举止大方，聪明，未婚，大学毕业已经四年。希尔问年轻人：“找我帮助你换工作，你喜欢哪一种工作?”“喔!”年轻人说，“这就是我找你的目的，我真不知道想做什么。”“那么10年以后你准备干什么工作?”希尔又问。

年轻人沉思后说：“我希望我的工作和别人一样，待遇很优厚，并且买了一栋房子。当然，我还没有深入考虑过这个问题。”

希尔微笑地说：“你现在的情形仿佛是跑到航空公司里说：‘给我一张机票’一样。除非你说出目的地，否则人家无法卖给你。”他接着说，“除非我知道你的目标，否则无法帮你找工作。只有你自己才知道你的目的地。”经过两个小时的长谈，年轻人获得了八个字：出发之前，要有目标。

如果我们看不到未来，就把握不了现在；如果我们没有目标，就永远实现不了自己的愿望。目标设定对于未来至关重要。它是一个人行动的指南，前进的保障。美国学者戴维·坎贝尔曾经指出：“目标之所以有用，仅仅是因为它能帮助我们从现在走向未来。”立定志向可以成为成功的驱动力，同时也可以使自己更能够掌握方向，明确应该做的事情。下面这个案例更能说明目标的重要性。

案例研究

你知道思想能走多远

四十多年前，有一个十多岁的穷小子，他自小生长在贫民窟里，身体非常瘦弱，却立志长大后要做美国总统。如何实现这样的抱负呢？年纪轻轻的他，经过几天几夜的思索，拟定了这样一系列的连锁目标：

做美国总统首先要做美国的州长——要竞选州长必须得到雄厚的财力支持——要获得财团的支持就一定得融入财团——要融入财团就需要娶一位豪门千金——要娶一位豪门千

金必须成为名人——成为名人的快速方法就是做电影明星——做电影明星前得练好身体，练出阳刚之气。

按照这样的思路，他开始步步为营。一天，当他看到著名的体操运动主席库尔后，他相信练健美是强身健体的好办法，因而有了练健美的兴趣。他开始刻苦成为世界上最结实的男人。三年后，凭着发达的肌肉和健壮的体格，他开始成为健美先生。在以后的几年中，他成了欧洲乃至世界健美先生。22岁，他进入了美国好莱坞。在好莱坞，他花了十年时间，利用自己在体育方面的成就，一心塑造坚强不屈、百折不挠的硬汉形象。终于他在演艺界声名鹊起。当他的电影事业如日中天时，女友的家庭在他们相恋九年后，终于接纳了他这位“黑脸庄稼人”。他的女友就是赫赫有名的肯尼迪总统的侄女。

婚姻生活过了十几个春秋，他与太太生育了四个孩子，建立了一个“五好”家庭。2003年，年逾57岁的他，告老退出影坛，转而从政，并成功地竞选成为美国加州州长。

他就是阿诺德·施瓦辛格。他的经历让人们记住了这样一句话：思想有多远，我们就能走多远。

所有成功人士，都有一个突出的特征，就是生活的方向性，即始终携带着取得人生决胜的行动计划，无一不对自己随时随地的去向一清二楚。他们有目标也有行动，知道自己要做什么，也知道应该怎样去做。他们确定目标，同时又决定通向那个目标须走的道路。而很多人之所以失败就是因为没有目标，就像一艘轮船没有舵一样，只能随波逐流，无法掌握，最终搁浅在绝望、失败、消沉的海滩上。正如这个著名的案例——毛毛虫的故事所体现的道理：

法国著名的自然学家费伯勒用一些被称作“宗教游行毛虫”的小动物做了一次不同寻常的实验，这些毛虫喜欢盲目地追随着前边的毛虫，所以得了这么个名字。费伯勒很仔细地将它们在一个花盆外的框架上排成一圈，这样，领头的毛虫实际上就碰到了最后一只毛虫，完全形成了一个圆圈。在花盆中间，他放上松蜡，这是这种毛虫爱吃的食物。这些毛虫开始围绕着花盆转圈。它们转了一圈又一圈，一小时又一小时，一天又一天，一晚又一晚。它们围绕着花盆转了整整七天七夜。最后，它们全都因饥饿劳累而死。一大堆食物就在离它们不到6英寸远的地方，它们却一个个饿死了。原因无他，只是因为它们按照以往习惯的方式去盲目地行动。

许多人都犯了同样的错误，对生活提供的巨大的财富，只能收获到一点点。尽管未知的财富就近在眼前，他们却得之甚少，因为他们盲目地、毫不怀疑地跟着圆圈里的人群走着。另外一些人则似乎经常迷失方向，他们一会儿向东，一会儿向西；一下子试试这，一下子又试试那，似乎永远没有定向。他们的问题很简单，就是他们不知所求。如果你也不知道所追求的是什么，那就永远不会有击中目标的一天。

玩过拼图游戏的人可能会有这样的体会：若在人生中没有清楚的目标，就好像不知整个图画的全貌，只能胡乱拼凑人生。当知道了自己的目标，便能在脑海里描绘出一幅图画，随手找到最需要的图片，拼缀出美好的人生。

但是，在如今这个组织裁员、经济又不确定的时代，即使设定目标的积极作用众所周知，人们还是要问：职业生涯目标的设定是否仍然有用？一些人认为，在当前环境中，目标的设定往好里说是徒劳无功，往坏里说则有害无益。这种观点把工作看作一个充满着不确定性的世界，任何目标的设定都是没有用的，给自己设定目标，只会招致痛苦和失望。

你认为职业生涯目标有没有用呢？看完下面的故事，答案自然就有了。

案例研究

哈佛学子的不同命运

有一年，一群意气风发的天之骄子从美国哈佛大学毕业了。他们的智力、学历、环境条件都相差无几，在临出校门前，哈佛对他们进行了一次关于人生目标的调查，结果是这样的：

3%的人，有清晰而长远的目标；

10%的人，有清晰但比较短期的目标；

60%的人，目标模糊；

27%的人，没有目标。

25 年后，哈佛再次对这群学生进行了跟踪调查。结果是：

3%的人，25 年间他们朝着同一个方向不懈努力，几乎都成为社会各界的成功人士，其中不乏行业领袖、社会精英。

10%的人，他们的短期目标不断地实现，成为各个领域中的专业人士，大都生活在社会的中上层。

60%的人，他们安稳地生活和工作，但都没有什么特别的成绩，几乎都生活在社会的中下层。

剩下 27%的人，他们的生活没有目标，过得很不如意，并且常常抱怨社会，抱怨这个“不肯给他们机会”的世界。

其实，他们之间的差别可能就在于：25 年前，他们中一些人知道什么叫做生活，而另一些人则不清楚或很不清楚。

哈佛毕业生的不同命运告诉我们：决定一个人命运的不是上帝，而是自己。决定一个人成功与否的因素除了才能、机遇之外，还有多种因素：一是要有明确而又长远的人生目标，二是要选择适合自己的人生道路。这好比登山运动员确定了要登上世界第一高峰——珠穆朗玛峰后，能否登顶成功还取决于运动员所选择的登山道路。当你有清晰远大的目标时，你才有可能取得伟大的成就。

第二节　职业生涯目标定位策略

除了成功标准、成就动机等因素外，要做出正确的选择，还必须搞清自己具备什么资源、喜欢什么、能做什么，“适合自己的选择才是最好选择”，盲目的选择会对自己造成负面的影响，就业盲目可能使自己找不到满意的工作，升本、考研盲目很有可能使自己达不到理想的目的也找不到满意的工作，留学盲目不仅投资得不到回报，还很有可能沦为“海待”，创业盲目可能使自己“血本无归”。

一、选择职业生涯路线需要先量“力”而后行

选择目标必须与自身的条件“匹配”，选择考公务员是因为公务员职位与自己性格能力“匹配”，选择考名校本科生或研究生是与自己的知识和学习能力的“匹配”，选择自费留学是与自己外语能力和经济保障“匹配”，选择创业是与自己的创业素质和创业条件“匹配”，很多升本、考研继续深造的同学，不顾自身实力偏要选择考名校，选择目标与自身实力不“匹配”，失败是必然的。

同样，很多同学放弃了继续深造而选择了直接就业，主要因为“家里实在是再负担不起我上学的费用了，而且我也想早一点就业，减轻家庭负担。”除自身要求外，家庭经济实力是选择继续深造的重要支持。由于就业压力大，很多父母不希望自己的子女直接就业，而全力支持子女继续升学，考取更高学历，这些同学往往都具备了家庭支持和经济保障这个“力”。

每当我们遇到职业困惑，不知如何选择的时候，就需要考虑先量“力”而后行，这个“力”包括知识、性格、兴趣、价值观、能力、家庭背景、经济实力、社会资源等，每个人的“力”基本上都是不同的，职业生涯路线的抉择往往是因“力”不同，而选择的职业道路也是不一样的。

二、先定向再定位

无论我们选择就业还是继续升学，选择留学还是创业，都需要围绕个人的职业生涯路线和职业目标进行选择，“先定向再定位”的方法可以有效地解决大学生制定目标的困难问题。“定向”指的是职业方向，“定位”指的是具体的职位。例如“定向”成为一名职业经理人，但职业经理人的分类很多，必须再确定具体的方向，人力资源管理方向就很具体；定向后再定位，就是在人力资源方向中确定具体的职位，比如一名大学生的定位就是“人事专员”，那么要成一名职业经理人就必须从“人事专员”到“人事主管”，再到“人事经理”和“人事总监”，最后成为一名职业经理人。正如北京市就业指导中心市场部主任刘永印先生所言，“大学生职业生涯规划，不是飘浮在空中，而是必须落地”。“先定向再定位”就是让同学们的目标“落地”，目标“落地”了，我们在大学时光才会更有价值和更有意义，毕业时，我们的内心才会有一份踏实。

不要把实现目标的途径误当成“目标”。升学、留学、创业、就业不是职业目标，而是实现目标的途径，比如，你想成为一名大学老师，当然要选择继续深造直至考研这个路径，因为硕士以上学位是成为大学老师的必须具备的硬件条件，但如果你想成为一名市场营销经理，硕士学位就不是必须的条件，相反，经验和实践能力则更为重要。所以，我们不能为升学而升学，为了创业而创业，为了留学而留学，为了就业而就业。又如，有很多大学生就业时没有求职目标，也没认真思考过将来要从事什么工作，认为求职就是发简历、去招聘会。这样能找到自己满意的工作吗？我们的选择必须围绕自己的职业目标进行，确定职业生涯发展目标是选择职业路径的前提，选择正确的职业生涯路线是实现职业

目标的保障。

三、设定职业目标要具体

目标设定是基于自我认识的基础上的，是对自己未来职业生涯的一个初步的设想。树立目标时要按照 SMART 模式来进行。树立目标的 SMART 模式，是指 Specific（具体化）、Measurable（可衡量）、Attainable（可行）、Realistic（切实）和 Trackable（可追踪）。

首先，目标要尽量具体，要有标准可以衡量。常言说得好，无志者常立志，有些人经常确立目标，但最终却没有一个真正的目标。相反，世界级的跳高运动员不会轻易地说，明年我要跳得更高一些，但事实上他心里可能有一个目标，有一个确定的高度。

同样，为了完成一项减肥计划，人家不会笼统地说，我要在 6 个月之内变得更健康一些。而相反，人家可能会很具体地说，在半年之内，我要减重 10 公斤，或者半年之内，我坚持每天跑它两三公里。再比如说，如果你的目标是成为一名出色的业务员，也就是说为公司推销更多的产品，或者希望改变公司的战略重点，那你就可以这样说，明年我将提高 20%的销售额，而不能简单地说明年我将会创造出高销售额。

其次，目标之所以为目标，正是因为我们当前还不能达到它，所以，它是作为一种可能性而存在的。要把目标的切实可行性和富有挑战性相互兼顾，只有这样，你才能有张有弛，伸展自如。

一项目标，如果它的实现可能性等于零，那不管是谁，都会觉得没劲；而如果反过来，它的实现可能性是 100%，那它就不再是目标了，它纯粹是一种施舍。本来目标能够激励你的就是这么一种努力：工作得比以前更辛勤一些，人力物力投入得也更多一些。

SMART 目标模式的最后一项是可追踪性。你怎么知道已经取得进步了？所以要在大目标之下建立一些循序渐进的小目标，这就像在你前进的道路上放上一个个的里程碑。这样，对照着自己的总目标，你就可以每隔一段时间检查一下自己的进步，比如每隔一天、每隔一周或者每隔两个月检查一次。

第三节　职业生涯目标设定原则

一、目标的确立要适合自身的特点

不同的人有不同的特点。这种特点就是你的价值观、兴趣、性格、特长等。要将目标建立在你的最优性格上、最大兴趣、最佳特长上。如做到这一点，才可能在职业生涯中得心应手。

二、目标的确立要长短配合

长期目标为人生指明了方向，可鼓舞斗志，防止短期行为。短期目标是实现长期目标的保证，没有短期目标。长期目标也就不能实现。特别是在职业生涯发展过程中，通过短期目标的达成，能体验到达成目标的成就感和乐趣，鼓舞自己为了取得更大的成就，向更高的目标前进。但是，只有短期目标，看不到远大的理想，也会失去奋进的动力，还会使人生发展左右摇摆，甚至偏离发展方向。

职业生涯必将跨越人的青年、中年和中老年几个时期，人在各时期的体能、精力、技能、经验、为人处世的方式与态度势必都会有所变化。与此同时，社会政治、经济也在不断发展前进着。一个多层次、分阶段的目标可以使我们面对不同的情况更好地保持开放、灵活的心境。

三、目标要清晰可行

设置目标的目的在于更好地完成自己的职业生涯，而我们做了许多这方面的分析与设定，也就是为了能够更好地达成自己的意愿。然而，无论目标多么合理，分析多么准确，没有具体的行动就都是空谈。因此，分析讨论是为了更正确的行动。一个明确、可行的目标，可以让人知道自己眼前应该做的事情，并努力工作，从而向着目标迈进。

生涯目标是高一点好，还是低一点好呢？总的来看还是高一点好。有了远大的目标，能起到激励作用，但目标过高，脱离实际，会因好高骛远而招致失败。目标太低，不用努力就能实现，目标也就失去意义。同一时期目标不宜多。就事业目标而言，同一时期目标最好集中为一个。目标是追求的对象，你见过同时追逐五只兔子的猎手吗？别说五只，就是两只也追不过来，因为那几乎是不可能的事。所以，在确定目标是，最好把目标集中在一个集中点上。我们来看一则关于“小刚的目标”的故事。

哲理故事

职业生涯梦想：每个人都能自我实现

18岁，高中毕业典礼上，小刚发誓要当李嘉诚第二、中国首富！

20岁，春节老同学聚会上，小刚想创立自己的公司，30岁时拥有资产2 000万元。

23岁，在某工厂当技术员，第二职业是炒股。“在这里工作太没前途了。我将全力炒股，三年内用5万炒到300万元。”

25岁，炒股失意情场得意，开始准备结婚。希望一年后能有10万元，风风光光地结婚。

26岁，不太风光的婚礼上。小刚的理想是生一个胖小子，将来当个车间主任，别的不多想。

28岁，工厂效益下滑，正逢妻子怀胎十月。小刚希望这次下岗名单里千万不要有自己的名字。

对于这样的生活写照，宗耀民（Barry Chung）从职业规划的角度谈了他的看法：“要想在未来职业生涯中获得成功，首先必须确定一个切合实际的职业定位和目标，再把目标分解，设计出合理的职业生涯规划，并且付诸行动。”

职场环境相对复杂，并不局限于一种可能性。“在职业发展过程中一定会碰到一些阻碍，首先不要放弃。”宗耀民说，“目标没有达到并不说明失败，走另一条路不一定比原先的那条路要差，要有弹性。如果一条路堵住了，那么可以再找一条，如果再失败，那么可能还有第三条路可以走，到最后，你会发现最后的结果可能比第一条更好。并不是说那之前的规划都没有用了，而是说每个阶段的规划都需要有一定的弹性，来适应不一样的情况。”

宗耀民向每一位急切规划自己和他人职业生涯的人指出，“每个人的心中都有一个‘Rudy’，每个人都是自己的职业规划师。”Rudy 是电影《Rudy》的主人公，他从小就被人认为不够强壮，不够聪明，将来只会做蓝领。然而他很清晰自己的职业生涯将是橄榄球员，并坚持到底，最终成为一名球员。

“从看他如何规划自己的职业生涯，可以汲取为自己实现梦想的源泉和动力。按照 Rudy 的职业规划模式，你也可以给自己做生涯规划，实现自己的职业生涯梦想。”

四、目标需要随时评估

世界上没有一件事情是一成不变的，事物总在不断的发展变化中，我们的想法也在不断改变着。这就要求我们定时对目标进行评估。评价以前制定的目标在当时是否还合理、可行，是否还符合自己的要求，自觉地总结经验，修正对自我的认知和最终的职业目标。

事实证明，大部分人在开始定义自己的职业目标时，是模糊而抽象的，有时甚至是错误的。在一段时间的工作之后，就可以更进一步认识到自己的需要及能力是否契合。在回顾自己的言行得失以后，可以检验自我评价是否正确，更可以证明自己对职业目标的设计方向对不对。很多人都需要相当长的一段时间去尝试和寻找，才能了解自己到底适合哪个领域、哪个层面的工作，这段时间可能要长达十几年。但是，只要坚持不懈地进行自我分析以及对于职业目标的评估，就会纠正目标中的偏差，增强实现目标的信心，最终走向成功。

实践活动

如果在看完上面的文字之后，你还只是觉得随手翻翻而已，不会对你有什么帮助，那现在希望你能够坐下来，拿笔和纸定下自己未来的目标和计划。

注意事项：

找一个让你觉得最舒服的地方，不管是你喜爱的书桌，还是角落里照得到阳光的桌子，只要能让你心静的地方，花一个多小时好好计划一下你未来的希望。做些什么？看些什么？说些什么？成为什么？相信这会是你一生中最宝贵的时光。你要去学习如何设定目标和预测结果，你要画出一张人生旅程的地图，你要勾勒出自己的去向和行程的路径。

在一开始，要先给你一个忠告，就是不要给自己设限。当然，这并不是要你完全抛弃常理。如果你身高只有1.5米，就别指望参加职业篮球大赛会赢，因为不管你怎么试，也是不可能的，除非你踩着高跷。或许不给自己设限，会把你的注意力从你最在行的事上移开，不过从另一方面来看，这又何尝不是帮助你移开可能的限制呢？有限的目标会造成有限的人生，所以在设定目标时，要尽量伸展自己，唯有自己去制定目标，才是唯一能实现期望的方法。

第四节　职业生涯目标设定方法

有些人不愿制定职业生涯的规划，因为这涉及做出具体决定。选定一个目标，就意味着放弃追求其他目标的机会。有些人不愿制定目标，是因为多变的环境使他们对做出的承诺感到不安，而且他们害怕假如达不到目标，会对其自我理想造成打击。分析制定、实现目标的主要影响因素，掌握目标分解和目标组合的方法可以使我们做出果断明确的目标选择。

实现一个远大宏伟的目标很少能够一气呵成，必须分解成若干易于达到的阶段性目标。目标分解是将目标清晰化、具体化的过程，是将目标量化成可操作的实施方案的有效手段。目标分解帮助我们在现实环境和美好愿望之间建立起可以拾阶而上的途径。一直分解到你知道为实现10年以后的目标今年干什么、明年干什么。如果你不知道你明年应该干什么，你10年以后的目标永远是一个美好的愿望，变成不了现实。所以目标分解是实现目标非常重要的方法。让我们从下面这个案例中来理解目标分解的作用。

案例研究

1984年国际马拉松邀请赛在东京举行，名不见经传的日本选手山田本一，出人意料地获得了冠军。记者采访他，为什么会创造出这样优异的成绩时，山田只是说：“凭智慧战胜对手！”

人们都知道，马拉松是一项体能和耐力的较量，身材矮小的山田有什么优势可言呢，“无米之炊”的所谓“智慧”又从何说起呢？很多人以为，山田本一这个冠军，纯属侥幸。

两年之后，意大利国际马拉松邀请赛在米兰举行。山田本一代表日本又获得了冠军。记者再一次采访他，山田还是那句话：“凭智慧战胜对手！”

山田本一的冠军之谜着实让人一头雾水。

10年后，山田本一通过自传告诉了世人，这个谜终于解开了。山田说：“每次比赛之前，我总是沿着比赛路线仔细勘察一遍。把沿途比较醒目的标志物记下来。例如第一个标记是银行，第二个标记是大树，第三个标记是红房子……比赛开始后，我就以百米速度向第一个目标冲去，等到了第一个目标，我又以同样的速度向第二个目标冲去。40多公里的赛程被我分成了若干个小目标，轻松地跑完了。”

噢，原来如此！聪明的山田本一深深懂得，长跑中出现了疲劳，并不意味着体能的耗尽，而是长长的赛程给心理造成巨大的压力，使得他跑不到一半，就疲惫不堪。如果将长目标分解成若干短目标，大脑将会认为每个短路程轻而易举，算不了什么，因而巧妙地规避了心理压力，实施各个击破，轻松地跑完全程。再看同赛程的其他选手，他们可能在体能和耐力方面都强于山田，但是，他们总是以一个不变的长目标去奔跑，压力大，很容易疲劳。一个以心理压力重，疲惫不堪的人跟一个压力小，轻松愉快的人比赛，谁胜谁负自然就很清楚了。

在现实中，我们做事之所以会半途而废，这其中的原因，往往不是因为难度较大，而是觉得成功离我们较远。确切地说，我们不是因为失败而放弃，而是因为倦怠而失败。在人生的旅途中，我们稍微具有一点山田本一的智慧，人生中也许会少许多懊悔和惋惜。

一、按性质分解目标

一是职务目标。许多人在确定职务目标时，定位是很模糊的。例如，“我将在两年之内成为公司的部门经理”，这就很模糊。必须明确是哪一类专业的职务。因此职务目标“专业”加“职务”，如“人力资源经理”、“财务经理”、“负责销售的地区经理”。

二是工作能力目标。工作能力是处理职业生涯中各种工作问题的能力统称。如几年内拿到什么技能证书，达到哪一级的学历，能够和上级领导无障碍沟通的能力，组织大型公共关系活动的能力，组织结构设计的能力等。

三是经济目标。比如 30 岁之前赚取 20 万元，40 岁之前赚取 50 万元等。对这些目标也要敢于制定。

四是工作成果目标。工作成果目标指发现和应用新的管理方法、建立新的企业、创造新的业绩等。如营销经理计划创造每年 1 000 万元的销量，如办公室主任计划用两年时间编写一本详细的《秘书工作手册》。

二、按时间分解

按时间分解是给按性质分解的目标做明确的时间规定。应详细规定实现的时间和明确的方法。职业生涯目标时间分解可如表 4—1 所示：

表 4—1

目标种类	期限	特征
短期目标	2 年以内	责任可操作性；明确具体的完成时间；对实现目标有把握；需要适应环境。
中期目标	2～5 年	能用明确的语言定量说明；比较明确的时间，且可做适当的调整。
长期目标	5～10 年	非常符合自己的价值观，为自己的选择感到骄傲；有实现的可能，并有挑战性；能用明确语言定性说明；在一定时间范围内实现即可。

三、目标组合

目标组合是处理不同目标之间相互关系的有效措施。目标组合主要着眼于各目标之间的因果、互补关系。目标的全方位组合已超越出职业的范畴，它涵盖了人生全部活动。

职业生涯目标组合可分为并进和连续两种情况。目标并进或者是指同时着手实现两个现行工作目标；或指建立和实现与目前工作内容不相关的预备职业生涯目标，如一个秘书为了今后的发展在做好本职工作的同时业余学习新闻专业的硕士课程。建立和实现本职工作外的目标是居安思危、未雨绸缪，是具有长远眼光的表现，需要具备较强的时间管理能力和学习上的毅力。

目标连续是指目标之间的前后连接，即实现一个再进行下一个。一般而言，较短期目标是实现较长期目标的支持条件。目标的期限性是相对的：随着时间的推移，长期目标成为中期目标，中期目标成为短期目标。

目标组合可以超出职业生涯范围而和全部人生活动联系起来。在建立职业生涯目标时，应考虑自己在个人发展、家庭生活和职业生涯发展中的各种愿望。

四、职业态势分析法（SWOT）

所谓SWOT（态势）分析，就是将与职业选择密切相关的各种主要内部优势因素（Strengths）、弱点因素（Weaknesses）、外部机会因素（Opportunities）和威胁因素（Threats），通过调查罗列出来，并依照一定的次序按矩阵形式排列起来，然后运用系统分析的思想，把各种因素相互匹配起来加以分析，有利于人们对所处情景进行全面、系统、准确的研究，有助于人们选择合适的职业。

一般来说，SWOT分析法中所指的优势和劣势从属于个人本身，而机会和威胁则更可能来自于外部生涯（包括组织内部环境、社会环境和行业环境）。

优势（S）是指自己出色的方面，尤其是与竞争对手相比具有优势的方面。如较强的组织能力，坚强的毅力，良好的身体素质等。

劣势（W）是指与竞争对手相比处于落后地位的方面。如无特长、交际能力差等。

机会（O）的含义是有利于职业选择和职业发展的一些机会。如由于企业产品市场的扩大需要一名市场部经理，公司内部招聘一名财务总监等。

威胁（T）也称挑战，是指存在潜在危险的方面。如市场上出现企业产品的新替代品，企业效益的下滑等。

SWOT分析是针对每个具体的职业方向来进行的。通过SWOT分析，个人就可以清楚优势和劣势，以及自己有哪些生涯发展机会等。运用此方法进行评估时，要尽可能地对面临的各种职业发展机会进行评估，然后确定职业生涯目标，选出最佳发展机会。

将调查得出的各种因素根据轻重缓急或影响程度等排序方式，构造SWOT矩阵。在此过程中，将那些对职业选择有直接的、重要的、大量的、迫切的、久远的影响因素优先排列出来，而将那些间接的、次要的、少许的、不急的、短暂的影响因素排列在后面。

SWOT 矩阵如表 4—2 所示：

表 4—2

内部	优势（S）	劣势（W）
外部	机会（O）	威胁（T）

在完成环境因素分析和 SWOT 矩阵的构造后，便可以制定出相应的行动计划。制定计划的基本思路是：发挥优势因素，克服弱点因素，利用机会因素，化解威胁因素；考虑过去，立足当前，着眼未来。运用系统分析的综合分析方法，将排列与考虑的各种环境因素相互匹配起来加以组合，得出一系列公司未来发展的可选择对策。这些对策包括：

最小与最小对策（WT 对策），即考虑劣势因素和威胁因素，目的是努力使这些因素都趋于最小。

最小与最大对策（WO 对策），即着重考虑劣势因素和机会因素，目的是努力使弱点趋于最小，使机会趋于最大。

最小与最大对策（ST 对策），即着重考虑优势因素和威胁因素，目的是努力使优势因素趋于最大，使威胁因素趋于最小。

最大与最大对策（SO 对策），即着重考虑优势因素和机会因素，目的在于努力使这两种因素都趋于最大。

可见，WT 对策是一种最为悲观的对策，是处在最困难的情况下不得不采取的对策；WO 对策和 ST 对策是一种苦乐参半的对策，是处在一般情况下采取的对策；SO 对策是一种最理想的对策，是处在最为顺畅的情况下十分乐于采取的对策。

案例分析

李丽是一名成功的公共组织的律师，由于晋升机会有限、同事难处等方面的原因，她应聘了一家声望很高的私人律师公司的职位。然而，当她得到了这个职位的时候，她又变得担心和矛盾起来。她的职业咨询师建议她用 SWOT 法对自己的职业现状进行一下分析和研究。因此，她展开了以下的分析：

优势（S）： S1：较强的相关法律专业知识； S2：勤勉，学习能力强； S3：有团结合作和领导团队的经验。	劣势（W）： W1：害怕失败； W2：缺乏在私企工作的经验； W3：表达能力一般。
机会（O）： O1：更大的晋升机会； O2：获得在一家声望很高的私人法律公司工作的经验； O3：有机会参与国际性的工作。	威胁（T）： T1：在一个竞争十分强烈的领域工作且工作不稳定； T2：这家法律公司对待新雇员十分苛刻。

通过以上分析，李丽列出了可以进一步加强的优势和需要克服的劣势。针对这些情况，制定了行动计划，列出了一份防止意外事故发生的计划，以及与工作稳定性有关的威胁发生，还提出了关于保持工作与生活平衡的压力管理技巧和策略，以消除过度疲劳引起的潜在影响。

实践活动

利用SWOT分析法评估你的职业定位，然后填写在下表中：

内部因素	优势（S）： S1：__________ S2：__________ S3：__________ 优势的利用：______ 1. __________ 2. __________	劣势（W）： W1：__________ W2：__________ W3：__________ 劣势的弥补：______ 1. __________ 2. __________
外部因素	机会（O）： O1：__________ O2：__________ O3：__________ 机会的把握：______ 1. __________ 2. __________	威胁（T）： T1：__________ T2：__________ T3：__________ 威胁的排除：______ 1. __________ 2. __________

根据上述的SWOT矩阵，按照如下要求制定你的职业生涯目标。

定出今后10年的职业生涯目标。今后10年，你希望自己成为什么样子？有什么样的事业？将有多少收入，计划哪些家庭固定资产投资？要过上什么样的生活？你的家庭与健康水平如何？把它们仔细地想清楚，一条一条地计划好，记录在案。

定出5年计划：定出五年计划的目的，是将10年大计分阶段实施。并将计划进一步具体、详细，将目标进一步分解。

定出3年计划：俗话说，5年计划看头3年。因此，你的3年计划，还要比5年计划更具体、更详细。因为计划是你的行动准则。

定出明年计划：定出明年的计划，以及实现计划的步骤、方法与时间表。务必具体、切实可行。如果从现在开始制定目标，则应单独定出今年的计划。

下月计划：下月计划应包括下月计划做的工作，应完成的任务、质和量方面的要求，财务上收支，计划学习的新知识和有关信息，计划结识的新朋友，等等。

下周计划：计划的内容与上述“下月计划”相同。重点在于必须具体、详细、数字化，做到切实可行，而且每周末提前计划好下周的计划。

明日计划：取最重要的三件至五件事，按事情轻重缓急，按先后顺序排好队，明日按计划去做。

如果看完上面的内容，对如何设定职业生涯目标还是一知半解的话，让我们再具体一点地来说说有效树立目标的操作步骤，这样可能更加清晰，也更具有实际的指导作用。以下就是根据前面所讲的“树立目标的 SMART 模式”所制定的设定目标的 12 个具体步骤：

第一步，用白纸黑字将目标写下来。唯有将目标写下来，你才能将目标详细的内容规划出来。同时，当你把目标写下来的时候，你就把这个目标具体地呈现在自己面前。这个时候你的潜意识就会突然地觉醒说：哎，这会儿是来真的了！你就不能逃避自己对目标的承诺。因为你要追求成功，实在没有什么选择的余地，必须将目标写下来，明确、具体地呈现在你的面前，百分之百地承诺自己会达成目标。具体就是在纸上用肯定的语气写下：我一定要实现……的目标。不必太多，一句话即可，这是你的总目标，或者说是大的方向。

第二步，设定一个期限。审视你所写的，预期希望达成的时限。你希望何时达成呢？有实现时限的才可能叫目标，没时限的只能叫梦想。

第三步，列出你要达成这个目标的充分理由。建议你明确地、扼要地、肯定地写下你实现它们的真正理由，告诉你自己能实现目标的把握和它们对你的重要性。如果你做事知道如何找出充分的理由，那你就无所不能，因为追求目标的动机比目标本身更能激励我们。

问你自己这个问题：我为什么要这么做？这个问题可以回答两件事。第一就是这个问题使你确定这是你的目标而不是别人的。第二，这个问题会增强你达成目标的欲望。因为，你有越多的做事的理由，你达成目标的欲望就会越强，你就越能够达成这个目标。尽可能多地将这些理由一一列出，这将成为你实现目标的动力源泉。

第四步，将大目标切割成若干个小目标。请你针对你的总目标，定出实现它的每一步骤。别忘了，从你的目标往回定步骤，并且自问，我第一步该如何做，才会成功？是什么妨碍了我，我该如何改变自己呢？一定要记得你的计划得包含今天你可以做的，千万不要好高骛远。从时间上来说，就是假如你设定了一个一年的目标，你就应该再分别设定 12 个单月的目标，两个半年的目标，四个每季的目标。同时设立一个奖励自己的办法，这样的做法能让你常保积极心态。这个在上面的内容里已经有了详细的介绍。

第五步，分析你现在的位置，盘点你所拥有的资源。这一点是非常重要的，因为唯有知道自己从何处开始，你才知道下一步应该是如何地走。找出自己的长处，分析个人最强和最弱的地方分别是什么？规划出你最需要学习的是什么？大部分的人在设定目标的时候常会犯下一个重要的错误：他们很快地着手于设定自己的目标，但是却没有先仔细地检查一下他们是不是有一个良好的基础在支撑着他们。因此现在要做的就是列出你已经拥有的各种重要的资源。当你进行一个计划，就得知道该使用哪些工具。列出一张你所拥有资源的清单，里面包括自己的个性、朋友、财物、教育背景、时限、能力以及其他，这份清单越详尽越好。列出清单后，现在请你写下要达成目标本身所具有的条件。

第六步，找出你过去的成功经验。接下来请你回顾过去，有哪些你所列的资源运用得很纯熟；回顾过去找出你认为最成功的两三次经验，仔细想想是做了什么特别的事，才造成学习、事业、健康、财务、人际关系等方面的成功，请记下这个特别的原因。

第七步，确认你要克服的障碍。成功就是克服障碍，没有一件成功不是由障碍阻拦所成就的。在你往自己的目标前进的时候，你所遇见的每一个障碍都是来帮助你达到你的目标的。所以要先确认你的障碍，将他们列出来。其次，对你面前的障碍设定重要性的优先顺序，找出哪一件事影响最大，发觉在通往成功路途中的大石块要全神贯注地解决它们。

第八步，确认你所需要的知识。我们现在身处一个以知识为基础的社会当中，不管你设定了什么目标，你想要完成它，就必定需要更多的知识来达成它。人人都需要自我成长，需要不断地阅读、学习，吸收新的资讯来达成自己的目标。首先要确认的是你需要些什么知识；其次，为你的知识设定优先顺序；另外要借着询问来达到你的成功，询问他人是你生活中成功的关键。

第九步，列出谁是你的有效支持。凡是可以协助你达到目标的人都是你的有效支持，因此从理论上来说整个社会乃至全世界的人都有可能是你的有效支持，但是你必须从中列出你目前可以叫出名字或者是知道名字的人开始。同时由于一个人的时间和精力都是有限的，因此要找出最重要的有效支持优先考虑，优先行动，在他们身上付出更多的努力，你将会达到事半功倍的效果。

第十步，将你的目标视觉化。视觉化，是将你所期待的目标建立一个清楚的心中景象并且想象它的结果，印出你的心中景象，由你已经达成目标的样式来看你自己。在你心中的荧幕上，不断地放映出这个你认为已经达成的景象，一直等到你觉得自己已经非常清楚地知道这个样式。尽你一切可能建立这个心理景象。而后不停地想到这个景象，不断地想象你的目标已经被实现的样式。不断地重复，一直等到这个景象深深地印在你的潜意识当中。

第十一步，为自己找一些值得效法的模范。从你周围或从名人当中找出三五位在你目标领域中有杰出成就的人，简单地写下他们成功的特质和事迹。在你做完这件事，请你闭上眼睛想一想，你会发现，仿佛他们每一个人都会提供你一些能达成目标的建议，记下他们每一位建议的方法，如同他们与你私谈一样，在每句重点下记下他的名字。

第十二步，核对你所列的目标，是否与形成结果的五大规则相符：（1）用肯定的语气来预期你的结果，说出你希望的而非不希望的；（2）结果要尽可能具体，还要明确完成的期限与项目；（3）事情完成时你要能知道完成了；（4）要能抓住主动权，而非任人左右；（5）是否对社会有利。

最后还需注意的是要使目标多样化且有整体意义，还要在行动中对目标的实施进行定期总结、检查和更新。

实践活动

综合第二章（自我分析）及第三、四章（职业分析）的主要内容得出本人职业定位的SWOT分析：

内部环境因素	优势因素（S）	弱势因素（W）
外部环境因素	机会因素（O）	威胁因素（T）

结论：

职业目标	（将来从事（××行业的）××职业）	
职业发展策略	（举例：进入××类型的组织（到××地区发展））	
职业发展路径	（举例：走专家路线（管理路线等））	
具体路径	（举例：××员——初级××——中级××——高级××）	

第五章 规划职业生涯 设计未来蓝图

核心提示

职业生涯规划其实就是“人生战略规划”，主要体现在个人制定职业生涯计划、职业生涯发展规划和对实现这些目标的时间、步骤的合理安排，是对自己成功的人生进行正确的规划。

名人名言

年轻人刚踏入社会之时，不要东挑西挑，任何工作都可以做，都有前途；特别在企业界，只要你努力学，一年就可以得其要领，而三年有成，可以一展雄才大略。

——王永庆

俗话说：凡事预则立，不预则废。任何一件事情都要有一个明确的计划和准备，否则难以收获到良好的结果。

第一节　职业生涯规划设计步骤

职业生涯设计是一个周而复始的连续过程，包括自我评估、外部环境分析、目标确立、策略实施和反馈修正等五个步骤。见图 5—1。

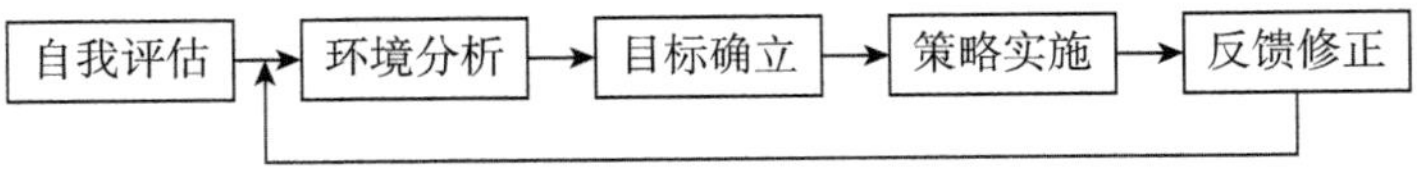

图 5—1　职业生涯规划流程

一、自我评估

1. 自我评估的内容

自我评估的主要内容是与个人相关的所有因素，包括兴趣、个性、能力、特长、身体状况、学识水平、思维方式、价值观、情商以及潜能等。通俗地说，即弄清楚自己是谁、想要什么、能做什么、应该做什么。通过自我评估，认识自己，了解自己，因为只有认识了自己，明确了自己的长处，扬长避短，才能对自己的职业做出正确的选择，才能选定适合自己发展的生涯路线，才能对自己的生涯目标做出最佳抉择。自我评估是职业生涯规划的基础，也是能否获得可行的规划方案的前提。

通常自我评估包括自己的职业价值观、职业兴趣、职业能力、职业性格等内容。

2. 自我评估的主要方法

（1）自我反省法。通过对自己的一些成长经历的回顾，比如过去有哪些事情让我们做起来非常快乐、哪些事情做起来比较费劲等，可以发现自己的职业兴趣、能力等特点。除此之外，通过与过去的自己相比较，与理想中的自己相比较还有那些差距。通过对比不断地发现自己的成绩和进步，明确努力的方向，不断完善。

（2）360°评估法。了解自己生活中重要的人对你看法，如家人、老师、朋友、同学等，这种评估方法可以减少盲目性。在获得身边的人的反馈信息后，关键在于区别和分析。

（3）橱窗分析法。是一种借助直角坐标不同象限来表示人的不同部分的分析方法，它以别人知道或不知道为横坐标，以自己知道或不知道为纵坐标，橱窗分析法也是进行自我认知的一种常用方法。见图 5—2。

橱窗 1：自己知道，别人知道的部分，称为“公开我”，属于个人展现在外，无所隐藏的部分。例如你的名字、发色及你有一台苹果手机等。

橱窗 2：自己知道，别人不知道的部分，称为“隐私我”，属于个人内在的私有秘密部分。例如你的秘密、希望、心愿及好恶等。

橱窗 3：自己不知道，别人也不知道的部分，称为“潜在我”，是有待开发的部分。未知区是尚待挖掘的黑洞，他对其他区域有潜在的影响。

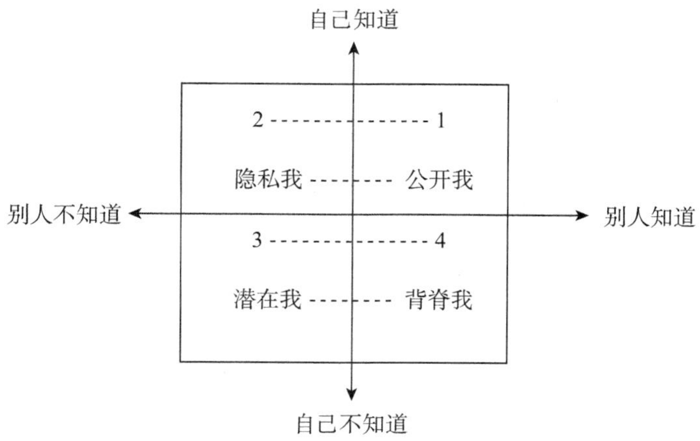

图 5—2　橱窗分析法

橱窗 4：自己不知道，别人知道的部分，称为“背脊我”，犹如一个人的背部，自己看不到，别人却看得很清楚。例如你的处事方式、别人对你的感受等。

通过四个橱窗可知，需要加强了解的是橱窗 3 和橱窗 4。橱窗 3 是“潜在我”。据科学家研究发现，每个人都有巨大的潜能，人类平时只发挥了极小部分的大脑功能。著名心理学家奥托指出：一个人一生所发挥出来的能力，只占他全部能力的 4%，也就是说人的 96%的能力还未开发。橱窗 4 是“背脊我”。如果自己诚恳地、真心实意地征询他人的意见和看法，就不难了解“背脊我”。我们可以采取同自己的家人、朋友、同事等交流的方式，可以借助录音、录像设备，尽量开诚布公。要做到这一点，需要开阔的胸怀，确实能够正确对待，有则改之，无则加勉，否则，别人是不会说实话的。

对于橱窗 2，我们可以采取撰写自传或 24 小时日记的方式来了解自我。撰写自传，可以了解我们自身成长的大致经历和自我计划情况等，而 24 小时日记对我们一个工作日和一个非工作日经历的对比，也可以了解一些侧面的信息。职场新人需要对此予以重视，尽管我们还年轻，不需要什么自传，但是这是了解自我的一种比较不错的途径。

(4) 职业测评法。利用第二章所学内容、一些专业的人才机构和网站对自己的个人能力、人格特质、兴趣爱好、价值观等进行职业测评。

二、环境分析

主要分析内外环境因素对自己生涯发展的影响。每一个人都处在一定的环境之中，离开了这个环境，便无法生存与成长。所谓“时势造英雄”，说的就是环境对人的作用。这里最重要的是政治风云、经济兴衰、还有科学文化潮流、社会时尚无疑都深刻地影响了人生。认清了时势，才能实现俗话说的另一面即“英雄造时势”。只有充分适应与满足社会需要，个人才会获得最大实现。所以，在制定个人的职业生涯设计时，要分析环境条件的特点、环境的发展变化情况、自己与环境的关系、自己在这个环境中的地位、环境对自己提出的要求以及环境对自己有利的条件与不利的条件等。只有对这些环境因素充分了解，才能做到在复杂的环境中避害趋利，使生涯设计具有实际意义，环境分析的主要内容有：

（1）社会环境分析。影响职业生涯的社会环境因素主要包括：经济发展水平、社会文化环境、政治制度和氛围等。

（2）组织环境分析。组织环境分析主要包括行业环境分析和组织（企业）内部环境分析。

（3）具体职业分析。即对工作（岗位）本身以及任职者所需的知识、技能、条件进行分析，通过分析，获得对职业全面深入的了解是进行“人职匹配”的前提。基本上包括两大部分：一是工作描述的内容，如岗位名称、工作目的、工作职责与工作任务等；二是工作范围的内容，如背景、工作经验、知识技能、个性特征、身体要求等。

资料链接

职业前景的八种类型

有人将职业前景分成了8类：

（1）曙光职业：东方已经出现亮光，但是太阳还没有升起。比如职业生涯培训师、职业生涯咨询辅导师、职业规划管理师这样的职业在我国尚属曙光职业。

（2）朝阳职业：就像一轮红日冉冉升起。如营销师、项目管理师、商务策划师、电子商务师、企业培训师、企业信息管理师、企业行政管理师、计算机网络管理员、人力资源管理师等，这些都属于朝阳职业。

（3）如日中天的职业：指那些已经充分发展并且在目前占据主流的职业。仿佛正午的太阳普照大地，是世间万物的主要能量来源，具有不可被替代的稳固地位。如企业家、公务员、建筑设计师等。

（4）夕阳职业：指那些正在逐渐减少，或呈下降趋势的职业，正如夕阳下山一般。有的职业虽然曾经人数众多，现在或许依然有社会需求，但日落西山之势已经显而易见。如公交车售票员。

（5）黄昏职业：该职业已经暮色环绕，从业人数急剧减少。如弹棉花工、送煤工、货郎、钢笔修理工、相片着色工。

（6）恒星职业：恒星职业是指只要人类社会延续就一定会存在下去的职业。如教师、厨师、建筑设计师、服装设计师、医生等。

（7）流星职业：像流星般一闪而过的职业。如传呼台的传呼员在2000年时还是一个很不错的职业，但是现在随着手机的普遍使用，传呼台没有了，传呼员这个职业也消失了。

（8）昨日星辰职业：该职业曾经持续较长时间，现已完全消失。如铅字打字员。

三、目标确立

卡耐基的人生阶段划分为：变化的二十岁，充实的三十岁，成熟的四十岁，秋暮的五十岁。无数事实证明，一个人能否成就一番事业，很大程度上取决于一个人有没有正确而适当的人生目标。法国著名作家蒙田说过“灵魂若找不到目标，就要迷失。”所以要给自己不同阶段确定目标。

制定个人职业生涯规划的最终目的就是实现职业目标。因此，生涯目标的确立是职业生涯规划的核心。一个人事业的成败，很大程度上取决于有无正确适当的目标。生涯目标的设定，是在继职业选择、生涯路线选择后，人生目标的抉择。其抉择是以自己的最佳才能、最优性格、最大兴趣、最有利的环境等条件为依据。通常目标分短期目标、中期目标、长期目标和人生目标。短期目标又分日目标、周目标、月目标、年目标，中期目标一般为三至五年，长期目标一般为五至十年。有效的生涯设计需要切实可行的目标以便排除不必要的犹豫和干扰，全心致力于目标的实现。

案例研究

某公司营销部经理制定的目标

职务目标：金牌营销总监

2017—2020 年，公司营销总监

2020—2025 年，行业争相追捧的职业经理人

2026—2030 年，金牌营销总监

能力目标：能顺畅清晰地进行即兴演讲；能冷静利落地解决突发事件；能游刃有余地处理协调各方面的关系。

成果目标：获得中国营销界“金鼎奖”，在国内权威营销类刊物上发表自己的心得和见解。

经济目标：前三年的年薪以 30%的增长率递增，到 2026 年达到年薪 200 万。

[点评] 这份职业目标设定清晰，时间坐标也非常明确，内外职业目标如经济目标、职务目标等都很具体明确。

四、策略实施

克雷洛夫说：现实是此岸，理想是彼岸，中间隔着湍急的河流，行动则是架在河上的桥梁。目标与计划固然重要，但更关键的在于实施。在确定了生涯目标后，行动便成了关键的环节。没有达成目标的行动，就不能达成目标，也就谈不上事业的成功。职业生涯策略主要是指为实现职业生涯目标而制定的行动计划。当确定了职业生涯目标后，就要制定相应的具体实施方案。策略实施的内容主要包括职业生涯发展路线设计、教育培训安排、实践计划等。例如，为达成找到理想工作的目标，你计划采取什么措施，提高你的就业竞争力？在潜能开发方面，采取什么措施开发你的潜能等，都要有具体的计划与明确的措施。并且这些计划要特别具体，以便于定时检查。如果你从一名财务人员做起，但你的 5 年、10 年或 20 年个人职业生涯规划是希望成为一个理财规划师。那么，你应该问自己下列几个问题：我需要哪些特别的培训和学习才能使我够资格做一名理财规划师？为使自己发展路上顺畅坦荡，需要排除的内部和外部障碍有哪些？我目前的上司在这方面能给我帮助吗？我周围的人在这方面能给我帮助吗？

小贴士

对于高职院校的学生来讲，策略实施除了完成三年的专业学习外，其关键内容是在大学期间提升个人职业技能、职业素养以及科学地进行职业决策。

五、反馈修正

俗话说："计划赶不上变化"，影响生涯设计的因素很多，有的变化因素是可以预测的，而有的变化因素难以预测。在此状况下，要使生涯设计行之有效，就须不断地对生涯设计进行评估与修订。其修订的内容包括：职业的重新选择、生涯路线的选择、人生目标的修正、实施措施与计划的变更等。成功的职业生涯设计需要时时审视内外环境的变化，并且调整自己的前进步伐。目标的存在只是为你的前进指导一个方向。而你是它的创造者，你可以在不同时间不同环境下做出调整，让它符合你的理想。在今天，我们的工作方式不断推陈出新，除了学习新的技能知识外还得时时审视自己的生涯资本并意识到其不足的地方，不断修正自己的目标，才能立于不败之地。

资料链接

企业员工职业生涯规划的四个步骤

一、自我评价

1. 目的：帮助员工确定兴趣、价值观以及行为取向，指导员工思考当前所处职业生涯的位置，制定出未来的发展计划，评估个人的职业发展规划与当前所处的环境以及可获得的资源是否匹配。

2. 公司推行自我评价主要采取如下两种方式：

（1）职业兴趣确认：帮助员工确定自己的职业和工作兴趣。

（2）自我指导研究：帮助员工确认自己喜欢在哪一种类型的环境下从事工作。

3. 员工与公司的责任：

（1）员工的责任：根据自己当前的技能或兴趣与期望的工作之间存在的差距确定改善机会和改善需求。

（2）公司的责任：提供评价信息，判断员工的优势、劣势、兴趣与价值观。

二、现实审查

1. 目的：帮助员工了解自身与公司潜在的晋升机会、横向流动等规划是否相符合，以及公司对其技能、知识所做出的评价等信息。

2. 现实审查中信息传递的方式：

（1）由员工的上级领导将信息提供作为绩效评价过程的一个组成部分，与员工进行沟通。

(2) 上级领导与员工举行专门的绩效评价与职业开发讨论，对员工的职业兴趣、优势以及可能参与的开发活动等方面的信息进行交流。

3. 员工与公司的责任：

(1) 员工的责任：确定哪些需求具有开发的现实性。

(2) 公司的责任：就绩效评价结果以及员工与公司的长期发展规划相匹配之处与员工进行沟通。

三、目标设定

1. 目的：帮助员工确定短期与长期职业目标。这些目标与员工的期望职位、应用技能水平、工作设定、技能获得等其他方面紧密联系。

2. 目标设定的方式：员工与上级领导针对目标进行讨论，并记录于员工的开发计划中。

3. 员工与公司的责任：

(1) 员工的责任：确定目标和判断目标进展状况。

(2) 公司的责任：确保目标是具体的、富有挑战性的、可以实现的；承诺并帮助员工达成目标。

四、行动规划

1. 目的：帮助员工决定如何才能达成自己的短期与长期的职业生涯目标。

2. 行动计划的方式：主要取决于员工开发的需求以及开发的目标，可采用安排员工参加培训课程和研讨会、获得新的工作经验、获得更多的评价等方式。

3. 员工与公司的责任：

(1) 员工的责任：制定达成目标的步骤及时间表。

(2) 公司的责任：确定员工在达成目标时所需要的资源，其中包括课程、工作经验以及关系等。

第二节 职业生涯规划存在的问题

大学生在职业生涯规划过程中，从自我认识、外部环境分析、目标确立、策略实施及反馈修正等环节都暴露出一些问题，其中比较突出的是认识不够客观，规划和实施有些脱离实际，带有理想化的倾向，具体表现在以下八个方面：

一、职业信息分辨能力不强

据调查，目前大学生了解职业信息主要还是通过间接渠道，如互联网、大众传媒、就业指导课程以及相关讲座等，在这些渠道中，互联网因方便、快捷、信息量大等特点已成为许多大学生了解职业信息的主要方式，但同时，由于大学生对网上职业信息的分析辨别能力还不强，大量的过期和失真职业信息使大学生未能及时了解职场的真实状态。

案例研究

黄鸿，男，1990年生，大学四年级学生，专业是广告，今年面临就业，面对竞争激烈的就业市场，他很茫然。虽然他学的是广告专业，但并没有想好是否今后在广告行业发展，他觉得自己很喜欢广告，也很喜欢策划，组织，管理方面。在这些方面觉得自己有能力，也有兴趣，可以体现自己的实力。但家人也希望他找一个社会地位高，最好是在公务员、银行等职业稳定、收入也较高的行业工作。他自己想快速取得高收入，想做销售，但只有促销经验，还想做市场工作。面对这些工作性质截然不同的职业，他不知道该选哪个职业。

黄鸿在职业生规划中，关键的是没有能够很好地去了解职业世界，每一类职业都有他所属的特点和性质，同时也决定了不同职业所对应的不同专业、能力及知识背景的应聘者。

二、职业生涯规划的重要性认识不够

有的同学认为现在已经进入信息时代，世界变化比较快，人们无法预料未来，没必要做职业规划，这是一个严重的误区。

恰好相反，正是因为世界的多变，才需要积极地做好各种规划，以应对变化的世界。机会总是青睐那些善于识别并且能够抓住它的人。成功人士不仅比常人抓住了更多的机会，他们还能创造属于自己的机会，然而，抓住机会和创造机会是需要策略和技巧的，大学生做好合理的职业规划，并坚持到底，就会在求职中获得预想之中和预想之外的回报。

有些同学还把职业生涯规划简单地等同于学习一项求职技巧或制定一个求职目标，认为可以等到毕业求职时再来做，因此延误了职业规划的学习时间。殊不知，职业生涯规划不仅仅是帮助明确职业目标，制定学习工作计划，更重要的是职业规划还是一个帮助同学们进行自我认知和职业认知的实践过程。

这个过程不是简单的一两天就能学会的，是要通过长时间的探索、实践、积累、总结才能有大收获。相比西方国家，中国的职业生涯规划教育从大学才开始已经是滞后了，那些误以为可以等到快毕业再来进行职业规划的同学们应警醒了。

三、职业目标缺乏可行性

如今，总经理、董事长、大学校长等人生目标常常见诸许多大学生职业生涯规划书。俗话说：不想当将军的兵不是好兵。从小树立高远的理想和目标固然是对的，但如果好高骛远，没有结合自身实际情况，没有意识到“从奴隶到将军”的道理，那么理想也会变成空想和幻想。因此，作为大学生，现阶段思考的应该是如何当好“奴隶”。有效合理地利用大学的三年，为将来的职业生涯做好准备。

职业规划被很多人喻为“瞬间成功和急速暴富”的速成钥匙。这事实上是片面夸大了规划的作用。曾有一份在数百名大学生中所做的调查显示，95%的同学表示自己两年之内要做主管，5 年后成为部门总监；77%的同学说，35 岁之前要成为年薪 50 万～100 万的职业经理人，还有 20%的同学表示毕业后 10 年之内上《福布斯》等知名杂志的富豪排行榜，做一名“金领”。

有专家指出，许多人在大学时代就已经形成了对未来职业的一种预期，然而他们往往忽视了对个体年龄和发展的考虑，就业目标定位过高，过于理想化。为自己制定职业规划是件好事，但不宜急功近利。追求速成，会导致择业过程中的眼高手低。

案例研究

小敏，大二学生，多媒体设计与制作专业，通过职业测评软件测评出，她的职个性特征是：通常善于辞令，尤其适合做推销工作和领导工作。通常精力充沛、热情洋溢、富于冒险精神、自信、支配欲强。喜欢与人争辩，总是力求使别人接受自己的观点。缺乏从事精细工作的耐心，不喜欢那些需要长期智力劳动的工作，通常追求权利、财富、地位。在职业能力测试部分，结果显示小敏在信息和推理方面比较强，而在人文方面相对较弱。在小敏过去一年的大学生活里，她参加了较多的社会实践活动，竞选学生会干部，演讲比赛获得系的第一名，但多数与其所学的专业没有关联。

小敏制定的职业规划是：2008 年奥运会的开幕，就业机会相对较多，在开幕之前找到一个有关动画或影视制作的工作，先在岗位上做一些小制作；工作后两年内，针对北京奥运题材制作一部动画；工作后五年内，一定至少制作一个让中国和世界小朋友接受和喜欢的影视动画。

理性分析小敏的职业生涯规划，会发现很多问题：第一，职业测评显示，小敏适合从事的是推销及领导方面的工作，而在学校的生活中，小敏也喜欢从事这方面的活动。但在职业规划中她却把自我定位在“找到一个有关动画或影视制作的工作”，这是与她的性格类型并不相符的；第二，小敏没有做好完整的社会环境分析，奥运会的开幕对于我国的影视制作业是否有促进作用，一部大型动画片的制作也不是一个人就能完成的，所以说，小敏这个职业生涯规划是很难实现的。

因此，在进行自我定位时，要客观冷静地分析自我，不要想当然地进行规划。最好能依靠比较科学的测评，做出正确的选择。当然，测评报告只是对你的人格特点及动力特点进行了详细描述，它能够帮助你拓展思路，接受更多的可能性，而不是限制你的选择。报告结果没有“好”与“差”之分，但不同特点对于不同的工作存在“适合”与“不适合”的区别，从而表现出具体条件下的优、劣势。你的动力、人格特点由遗传、成长环境和生活经历决定，不要想象去改变它，但却可以通过对报告有效利用，扬长避短，更好地发挥个人潜力。报告展示了你的性格偏好和做事的动力状况，而不是你的知识、经验、技巧。

如果你认为测评的报告对你的描述并不正确，以下方法可以帮助你分析形成的原因：回想一下自己的答题状态，是否有意或无意地回避了自己的真实情况；阅读一下每个维度的另一个方面，看是否更适合自己；重新审视自己，并询问周围的朋友、同事，了解他们如何看待你；与学校的测评咨询师联系，获取更多的帮助。

四、短期目标设定等同职业生涯规划

有部分同学考虑到目前就业市场压力较大，将升本或出国作为自身职业生涯规划实施路径中的一个阶段性目标。还有的同学比较同意“先就业再择业”的观点。绝大多数同学没有或未能选择规划时的职业方向，而是先找一份工作满足生活需要。“因为困难所以规划”和“规划没有变化快”的错误认识，很容易导致规划职业生涯过程中，出现将短期目标设定等同于生涯规划的误区。

有的学生会根据自身学习情况和家庭经济条件选择继续深造抑或求职就业，并进行相应的准备、积累，他们认为这就是职业生涯规划。市场经济瞬息万变，很多学生认为规划赶不上变化，不是自己在选择工作，而是工作在选择自己。进行工作选择时，他们在物质诱惑的驱动下，更多的是选择薪酬高、待遇好的用人单位，所谓的职业生涯规划早已丢弃。

阶段性目标只是规划实现路径上的若干结点，是实现职业发展的积累手段。换句话说，升本、出国是为了实现职业发展而进行的更高层次积累。求职就业也不能以“规划没有变化快”为借口，仅以找到一份工作为目的，而要注意工作与规划职业的相关性，或者说是否对职业发展的实现具有先期积累的意义。

五、过于强调专业与兴趣爱好

部分学生固守专业对口的思想，过分强调自己的兴趣爱好，加之从众心理导致就业困难，这在一些“冷专业”毕业生中尤为突出。

有的学生对什么都感兴趣，觉得自己做什么都行；有的则兴趣面太窄，只认准“非本专业、本兴趣的职业不做”；有的兴趣与所学专业相去甚远，这些都会给大学生择业带来困惑。曾经有一种错误的观点，认为学习什么专业就应该从事什么专业的工作。这种思想不仅在大学生中普遍存在，即使是招聘单位也多数这样认为。

事实上，学习什么专业并不代表自己一辈子必须从事这个职业。许多大学生并不知道为什么要选择那个专业，有的是为了一张文凭，有的是为了迎合父母的好恶．也有的是看其是不是社会热门专业等，这些都不能成为选择自己未来职业的标准。很多拥有丰富工作经历的人们没有从事当年自己学习的专业，却取得了非常大的成功。所以，不仅大学生要扭转这个观点，用人单位也应该改变一下招聘与培养人才的思路。

六、职业生涯规划与职业资产积累脱节现象严重

职业资产是从事职业活动所需要知识、素质和能力的总和。目前存在着生涯规划与职业资产积累脱节现象。调查显示，绝大部分同学计划或已经进行了除英语四六级和计算机等级考试以外的其他职业资格技能认证考试。在参加技能认证考试的学生中，仅有四分之一的人是依据详细的职业生涯规划进行相关技能认证的准备，而大部分是为了考证而考

证；抑或为了有所积累、增强就业竞争力，广泛考取和专业相关的技能认证。

目前，大多数同学社会实践的热情与日俱增，但遗憾的是，职业规划方向和目标被束之高阁，实际努力与之相去甚远。为了增加“工作经验”，不少大学生选择了兼职，做家教、促销员和业务员等是他们的主要形式；为了增加就业竞争力，不少大学生选择考证来增加“筹码”，整天忙着各种各样的考试；还有的大学生花了大量时间参加各种文体活动，只是为了向用人单位证明其兴趣广泛。很多人盲目追求积累数量，却忽略了质量。这样就会造成未在规划指导下的无目的积累，降低了积累效率，荒废了规划探索，从而使规划的职业生涯形同虚设，未能起到促进学生职业发展与提高的目的。

社团经验是大学必修学分之一，建议大学生需多参加社团活动。研究发现大一新参与和没有参与社团的学生，在生活管理上有显著差异。有参与社团比没有参与社团的学生表现出更多的生活管理。但三年后发现，参与社团比没有参与社团的学生，表现出更多的教育参与，更成熟的生涯计划及生活形态计划、更良好的生活管理及更高的文化参与，而且在学识自信发展上显著高于没有参加社团的学生。参与学生社团不仅让同学们开展另一学习领域，学习社会组织的运作形式、社团目标方案执行和社团组织行政决策的过程，而且可以促进同学自我了解与自我肯定，可以帮助学生协作达成共同的目标并发展多方面的兴趣和才能。

尽管学生社团具有非常正面的功能与意义，但是，不可否认其也有负面的效果，比如时间管理不当，过分投入于社团活动，甚至影响正常课业的学习。所以，各位同学在选择是否加入社团、加入什么类型的社团前，首先要知道自己所要的是什么。

社会实践缺乏职业方向性，注重量的积累而忽视了质的要求，不仅使大学生疲于奔命，而且盲目性和风险性都增大。科学规划可以帮助学生减少盲目行为，唯有走出误区，将科学、合理的职业生涯规划与具体实施有效结合，才能让三年的大学生活从无序的忙碌变成有步骤的充实，才能使同学们充分发展、健康成长、创新成才。

七、职业路径设计模糊不清

不少大学生选择以升本和证书作为发展主路径，还有些大学生“为保险起见”，准备了四条以上的发展路径，但这些路径的结果悬殊较大，路径之间也缺乏内在联系，发展方向和路径的模糊不清势必导致在实际选择中的犹豫不决，不利于核心职业目标的实现。再看看小赵的职业规划设计：

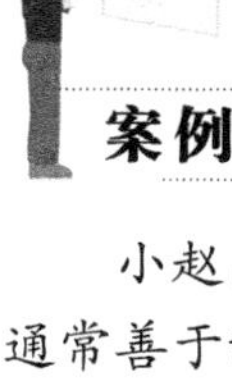

案例研究

小赵，男，工商企业管理班的学生，通过职业测评软件测评出，他的职个性特征是：通常善于辞令，尤其适合做推销工作和领导工作。通常精力充沛、热情洋溢、富于冒险精神、自信、支配欲强。喜欢与人争辩，总是力求使别人接受自己的观点。缺乏从事精细工作的耐心，不喜欢那些需要长期智力劳动的工作，通常追求权利、财富、地位。在职业能力测试部分，结果显示小赵在信息、推理及数理能力方面比较强，而在人文方面相对较弱。小赵的职业规划是：

作为学管理的学生，我认为管理是一门抽象的课程，不但要有巩固的理论知识还要有良好的实际管理经验，所以我选择通过“专升本”考试进入大学。在大学本科两年时间内我会完善大专里学到的东西，通过两年的深造我会拥有我该有的东西（即前面所讲的能力、证书等），在本科毕业后，我不想再去考研了。那时自己已25岁了也应该踏进从业的第一步了，因此，我会去择业，然而刚开始时是我去择业，再由企业择我，我会提交自己的个人资料与简历进行应聘，然后进入面试，再实践写工作报告。首先我会在企业中的最底层的工作做起，通过一年的底层工作我会熟悉企业整个的底层工作流程与职工情况。这时我会由于工作认真积极和良好的同事关系而升为该企业的人力资源管理部的分科科长。再通过两年的工作积累和良好的业绩而荣升为人力资源部的副经理，那时候我的家庭生活水平也随着我的升职而提升。同时我会去寻找我的爱情幸福，把家庭、事业和爱情都一手抓，抓紧幸福与成功。

当我30岁时我已经具备良好的决策能力和管理能力，同时由于企业内部体制改革和人事调动，我把握机会向高层提出了一份提高内部人员工作效率的议案，并有效地改善了内部问题，从而被升为人力资源部总经理，这时候的我就会成家立业了，正所谓三十而立。婚后的我懂得幸福同时还注意自己的事业，我会花50%的时间在事业上，30%的时间在家庭上，20%的时间在才能更新和自我增值上。当我在企业中已拥有决策权和深厚的管理能力时，我会花上10年时间去忠于公司，以能在商海中有不倒之位。40岁时我会集资设计规划自己的小企业王国，当所有前提条件准备好时我大约也到了45岁了，这时我开始我的企业人生。从现在开始全心全意去投入我的个人理想历程，通过20年时间我已经拥有了权力与金钱，可以去做我想做的事情，实现自己的梦想，65岁的我可以走在梦想世界里，完善人生规划。

小赵的职业路径设计有些想当然，愿望非常的天真，但是能否实现呢？没有完善的培训计划，没有完全地分析社会发展形势，没有分析自己是否具有创业的能力，就想当然地做了上述的计划，小赵的职业规划在现实中是无法实现的。

八、职业规划执行力不足

虽然许多大学生制定了自己的职业生涯规划，但没有把自己的行动与规划真正统一起来，没有认真按照规划去执行。

自控能力不高是当今大学生普遍存在的问题。一些与学习毫无关系的不良嗜好，诸如睡懒觉、打游戏、读小说等吸引了他们更多的注意力，大量时间与精力被耗费。尽管事后也会后悔，但没有采取措施去补救，过一段时间又忘了自己的规划。如此反复，使自己的职业规划达不到计划的效果，这对大学生的职业发展很不利。

第三节　学业生涯规划设计

大学生学业规划是大学生对与其事业（职业）目标相关的学业所进行的安排和筹划。

具体来讲，是指大学生通过对自身特点和社会未来需要的深入分析和正确认识，确定自己的职业目标，进而确定学业发展方向，然后结合自己的实际情况（经济条件、工作生活现状、家庭情况等）制定学业发展计划。换言之，就是大学生通过解决学什么、怎么学、什么时候学等问题，以确保自身顺利完成学业，为成功实现就业或开辟事业打好基础。

一、加强大学生学业规划建设的重要性和紧迫性

大学生学业规划是大学生职业生涯规划的核心内容，是职业生涯规划在大学期间的阶段性体现。在欧美等国家，人才培养的重要组成部分和高等教育的重要内容之一便是学业规划，哈佛大学一份关于学业规划30年后的追踪调查表明，在当年做过学业规划的人群中，约13%的人成为行业精英或领袖人物，由此可见，学业规划对大学生的重要作用。

大学生学业规划涉及专业知识的学习、道德品质的培养、综合能力的训练等诸多方面，是引导大学生在对学业生涯的主客观因素进行分析和总结的基础上，通过对自身兴趣、能力和个人发展目标的综合分析和权衡，结合时代要求，确定最为合理可行的学业奋斗目标，同时为实现此目标做出行之有效的安排。科学的学业规划设计有助于大学生合理定位，发掘自我，尽早明确自己的人生目标。

在大学期间，有些大学生对自己的发展规划并不明确，不能运用职业设计理论，规划未来的工作与人生发展方向，这种情况严重影响了学生的提前准备和准确定位，甚至影响对工作的适应性。一些用人单位认为学生的社会实践少，实际解决问题的能力弱、只学到书本知识没有掌握学习方法、缺乏团队精神、人际沟通能力和自我认识，而且对未来的发展盲目，没有规划。

大学是学生走向社会的一个过渡时期，在这个过渡期里对自己将来所要从事的职业做一个比较详细切实的规划，必能为以后的学生生涯增色添彩，使其更有针对性和方向感，减少了走弯路的次数。合理、翔实的职业生涯规划让大学生更有危机意识、竞争意识和主动性，避免盲目就业。

二、学业规划的制定

学业规划应贯穿大学生涯始终，大学生学业规划的主体是学生个人，它应包括评估自我、制定计划、实施计划、总结调整四个步骤。当然还可以在借鉴他人的经验，听取师长建议的基础上制定符合自己特点的系统科学的学业规划，主要分为三个阶段来规划：

1. 一年级为定向期

利用测试工具分析自我、了解所学专业、选择自己未来所想从事的职业或自己所学专业对口的职业，提高人际沟通能力。同学们都必须对本专业有个明晰的认识，这是对自己未来所要从事的职业的初始判断。包含两点：一是所学专业是否有长远的就业前景和发展前景；二是所学专业是否符合自己的兴趣。明晰了专业和兴趣还是不够的，最好能对所要从事的职业再进行一个细分，如果能够清晰明确地认识自己所期望的职业，那么三年的学习生活将更有目的性。然后根据本章学习内容制定你自己的职业生涯规划书。这其实是对职业生涯规划的书面化呈现。写在纸上的东西往往比记在脑海里的东西来得深刻，完备的

职业生涯规划书不仅能给大学生一个宏观的职业生涯规划呈现，更能起到一种鞭策作用。具体地，你应该从以下几点来做准备：

（1）在基础课程、学生工作、体育运动、课余活动等方面发展你的兴趣和技能。

（2）学会熟练地在就业指导中心查询相关信息，了解不同的职业和职位。

（3）跟你的父母、朋友、老师和已经工作的前辈讨论你对于职业的兴趣。

（4）参加一些跟求职有关的小组讨论、自我测试等、了解自己的优势和惯于使用的技巧等。

（5）努力学习，让自己的成绩越高越好。

2. 二年级为准备期

这个时期已进入专业课程的学习。要全身心地投入到学习上去。同时可通过参加学生会或社团等组织，锻炼自己的各种能力，可以开始尝试兼职、参加社会实践活动，最好能在课余时间后长时间从事与自己未来职业或本专业有关的工作，提高自己的责任感、主动性和受挫能力。通过英语、计算机及职业资格的相关证书考试，并开始有选择地辅修其他专业的知识充实自己。具体地，你应该从以下几点来做准备：

（1）继续在职业选择方面扩展你的知识。罗列那些听起来很吸引人的职业，并试着去了解。

（2）通过招聘网站、报纸等媒介来更多地了解人才市场。

（3）通过就业指导中心、图书馆、互联网等搜寻相关资料。

（4）同那些在你感兴趣的领域工作的人面谈，了解更多信息。参与对方一天的工作，建立对这些工作的直观认识。

（5）争取暑期实习、社会实践、志愿活动等机会来积累工作经验，并通过实地考察来确定自己的职业偏好。

3. 三年级为分化期

又到了毕业季节，每逢此时总是有不少同学徘徊于升学与就业间，不知该何去何从？“你对自己有什么样的期许？”“5 年、10 年后，你希望自己坐在什么位子？”强迫自己面对问题，是厘清问题的第一步。

以就业市场的需求来看，学历越高当然越能加强个人的竞争力。但是如果未曾深思，只为逃避、拖延进入职场的时间，问题还是没有解决。

选择继续深造的同学将立刻面临的几个考虑项目包括：

（1）时间——毕业后一鼓作气继续读书？或者计划先工作以筹措学费？以最热门的 MBA 而言，如果想进入名校，通常必须具有相关的工作经验。

（2）地点——国内还是国外？如果是国外，学位取得时间的长短及当地的消费水准都将影响地点的选择。可以先衡量自己的预算，再考虑学位之外想要达成的附带目的。

（3）专业——念本专业或热门专业？这会影响日后对工作的选择。经过大学的探索，应该对个人的性格、能力由初期的模糊逐渐变得清晰，能够有机会再次为自己选择，绝对要善加珍惜。

（4）方式——即便必须先投入就业市场，有心向学者仍可在行有余力时透过国外的远距离教学、参加国内各种在职进修学分班、MBA 学位班，达到自我提升的目的。

准备就业的人同样也有几种考量：

决定先就业，应该提前到大二就要开投入各项准备，拖到毕业前夕就太晚了；追求稳当安定的同学可以考虑参加各种公职考试。这种同学的目标应锁定在提高求职技能、搜集公司信息方面。学习写简历、求职信，了解搜集工作信息的渠道，并积极尝试，和已经毕业的校友、师哥师姐谈话了解往年的求职情况。参加招聘活动，在实践中校验自己的积累和准备；最后，预习或模拟面试。积极利用学校提供的条件，了解就业指导中心提供的用人公司资料信息、强化求职技巧、进行模拟面试等训练，尽可能地在做出较为充分准备的情况下进行施展演练。

在找工作时都必须注意专业的连贯与一致性，这件影响既深且广大的事是容易被忽略的。人事主管在抉择时，通常倾向选择对于未来方向已经规划得很清楚的人，或许因为这间接呈现出工作上所必需的分析与思考能力。频频更换工作领域，很容易被解读为“始终不知道自己适合干什么”。换作你是用人主管，也不想冒险录用。

而应征工作时，应该避免提出造成自己提前遭淘汰的问题，例如“公司会提供哪些训练课程?”“公司鼓励员工在职进修吗?”从求职者的立场，这样的希望是无可厚非；但从公司的观点，聘用一个人的目的是期待他能为公司带来贡献，至于对人员的培育训练，要看营运状况及企业文化，毕竟不是所有企业都能以此为经营主轴。有些同学本末倒置，将之视为选择工作之必要条件，这就难怪在求职路上屡屡感到失望不顺了。

从入学开始同学们如果能做好职业生涯规划，为大学生活和职业方向打好基调，再有针对性地去学习和实践，努力的付出必然能得到应有的回报。

实践活动

写出自己在校期间的学业生涯规划。

<table>
<tr><td colspan="2">目标</td><td>列出专业核心课程</td><td>列出职业素质课程</td><td>列出学习方式</td></tr>
<tr><td rowspan="3">课程目标</td><td>一年级</td><td></td><td></td><td></td></tr>
<tr><td>二年级</td><td></td><td></td><td></td></tr>
<tr><td>三年级</td><td></td><td></td><td></td></tr>
<tr><td colspan="2" rowspan="2">职业资格目标</td><td>列出证书名称</td><td>列出培训计划</td><td>考证时间规划</td></tr>
<tr><td>1.
2.
3.</td><td>1.
2.
3.</td><td>第（ ）学期
第（ ）学期
第（ ）学期</td></tr>
<tr><td colspan="2" rowspan="2">职业素养目标</td><td>学生社团或者职业素养课程学习培训</td><td>参加竞赛项目选择</td><td>假期社会实践内容选择</td></tr>
<tr><td>1.
2.
3.
4.</td><td>1.
2.
3.
4.</td><td>1.
2.
3.
4.</td></tr>
</table>

续前表

目标	列出专业核心课程	列出职业素质课程	列出学习方式
毕业后的行动计划（实现目标的措施）			
一、实现近期目标的主要措施 __________ __________ 二、实现中期目标的主要措施 __________ __________ 三、实现长期目标的主要措施 __________ __________			

资料来源:张艳:《大学生职业指导实训手册》，北京，高等教育出版社，2008。

第四节　职业生涯规划书撰写

有了方向和目标，也选择了合适的道路，还需要制定行动计划，并坚决地执行计划，否则，职业生涯规划也只是空想，目标永远无法达成。为自己设计一份书面的职业生涯规划书，是管理自我人生的一个重要的有效手段。

一、撰写职业生涯规划书注意事项

1. 职业规划书的目的

职业规划书是个人进行职业规划的行动指南。看似简单平淡的一句话，但它却很重要。提笔书写职业规划书时，最紧要的是你要明确书写它的目的和意义。因为这是引导你完成整个规划书的线索，同时也时刻提醒着你：该职业规划书对你的职业发展能起到重要作用。

2. 职业规划书的制作原则

职业规划书的制作必须遵循一些必要的原则，以保证你的职业规划书具备实用价值。

（1）可行性。只有在实际中可操作的职业规划书才具有价值。这也要求你在制作前期，对相关领域做尽可能多的信息收集，多做现实调查，加深对实际状况的了解和理解。

（2）客观性。职业规划书中的内容必须是实事求是，毫无虚构内容的。其中不仅要包含对自身优势的分析，对不足之处也要有透彻的剖析。

（3）预见性。对目标行业未来的发展趋势要有自己的理解和预判。

（4）个性化。职业规划书一定是根据自身实际状况而量身定做出来的，别人的成功路径和模式，并不适合于你。

有很多学生制作职业规划书，内容做得很丰富、很漂亮，但回到现实中，几乎没有任何实用价值，甚至是“天方夜谭”。如果只是为了参加比赛、拿几个学分，那职业规划书就完全没有它存在的价值。只有能产生实际作用、能明确指点你发展的职业规划书，才能算得上是完整的、科学的、可行的个人职业发展方案。

3. 职业规划书的重点要素

（1）自我理解。自我理解包含两部分：对自己性格、兴趣、价值观的剖析，以及对自己知识、技能、经历、天赋等方面的分析。这个内容是你形成职业定位的最基本要素。

（2）对外界环境的理解。对外界环境的理解，主要指对目标工作领域、目标岗位所涉及的行业发展信息、未来前景、相关企业的发展状况、岗位的基本职责和职能要求等。此内容可以通过寻找实习机会，或者通过非正式采访相关业内人士来获取你需要的信息，并进行整理、归纳，形成自己对该领域发展现状和未来趋势的理解。这个内容是你形成职业定位的重要内容。

（3）综合内外，形成定位。通过以上内容的分析，将自我理解，自身商业价值的客观评估及对目标行业趋势、就业机会等三大系统进行综合分析，逐步将你的职业定位锁定在具体行业中的具体职位，形成职业定位。例如广告行业策划总监或快消品行业市场总监等。切忌笼统地将目标设定为“我可以做市场”、“我能做销售”等模糊的定位。

（4）设定具体目标。具体目标设定即是在有了清晰的职业定位后，根据你的职业定位找到合适的发展切入点，也就是说你要找到起步的地方。没人能一步实现最终的职业目标，你需要循序渐进，一步步向终极目标靠近。那么，接下来你就要围绕你的“终极目标”设计发展通道，也就是说把目标的实现具体化，形成发展通道。例如软件行业售前顾问（产品经理）、高级售前顾问（高级产品经理）、售前顾问部经理。

（5）行动计划。有了目标和路线，你需要切实可行的行动实施方案。此时，你要根据你的发展路线，将目标进一步细化，制定分阶段目标，同时设定好时间节点，并将每个阶段应完成的任务清晰地罗列出来。如此一步步细化下来，你便能得到一套完整的行动方案。此外，结合你的实施方案以及你的发展现状，你需要制定配套的学习方案来补充相关知识，培养专业技能，积累心理资本等，对内生涯进行“查漏补缺”，并进一步提高自身商业价值，那么才能让外生涯也得到改善和提升，从而使得你实现你的“终极目标”。

4. 职业规划方案的可行性判断

在完成以上内容后，还需要有一个自我评估、检测的环节，用什么标准来判断和衡量你这份职业规划书的可行性呢？“前期分析”初步鉴定可行性；职业定位是否有充分理由；行动方案是否有可操作性。

当你的职业规划方案出炉后，你必须通过实践来检验这个方案的可操作性有多大，有问题就要及时做出调整。关于职业定位的检验，你可通过对自身认知的不断加深，对人才市场、行业信息等的不断了解，以及在之后的工作实践中来总结、分析、检视你的职业定位是否合理、合适，如有问题，可尽早进行修正和调整。行动方案是否可行，只要你去尝试操作和实践一番，立马就会有答案。关键要去实践，而非空发感想。在制作职业规划方案时，最好请专家从旁指点，获得提供更多的、详细的就业信息，并对你的职业规划方案进行专业的、科学的可行性评估，增加该方案的实际操作性。

职业规划书的制作并没有你想象中那么抽象和复杂，关键在于，你要通过制作这个方案，加深自我认知，加深对外界环境、职场环境的认识和理解。你需要在不断实践、不断探索中去修正和完善你的个人职业规划方案，尽早明确发展思路，这样才不会在工作时一片迷茫，也不会让发展经不起一点考验就停止发展。

二、中国大学生职业规划设计大赛作品模板

职业规划设计作品模板

封面

署上×××职业规划大赛参赛作品、参赛者姓名及学校等字样。

扉页

参赛人资料：

真实姓名：×××

笔名：×××

性别：×

年龄：××

籍贯：×××××

身份证号码：××××××××××××××××××

所在赛区：××省/市

所在学校及学院：××大学××××学院

班级及专业：××××级×××专业

学号：×××××××××

联系地址：××××××××××××××××××

邮编：××××××××

联系电话：××××××××××××

E-MAIL：××××××××××××

小一寸照片

目录

一、________________

二、________________

三、________________

四、________________

五、________________

结束语

正文

引言

一、自我分析

结合大赛指定的人才测评报告以及××等分析方法，我对自己进行了全方位、多角度的分析。

1. 职业兴趣——喜欢干什么

我的人才素质测评报告中，职业兴趣前三项是××型（×分）、××型（×分）和××型（×分）。我的具体情况是……

2. 职业能力——能够干什么

我的人才素质测评报告结果显示，××能力得分较高（×分），××能力得分较低（×分）。我的具体情况是……

3. 个人特质——适合干什么

我的人才素质测评报告结果显示……我的具体情况是……

4. 职业价值观——最看重什么

我的人才素质测评报告结果显示前三项是××取向（×分）、××取向（×分）和××取向（×分）。我的具体情况是……

5. 胜任能力——优劣势是什么

我的优势能力	我的弱势能力

自我分析小结：

二、职业分析

参考人才素质测评报告建议以及通过××等途径方法，我对影响职业选择的相关外部环境进行了较为系统的分析。

1. 家庭环境分析

如经济状况、家人期望、家族文化等以及对本人的影响

2. 学校环境分析

如学校特色、专业学习、实践经验等

3. 社会环境分析

如就业形势、就业政策、竞争对手等

4. 职业环境分析

◆ 行业分析

（如××行业现状及发展趋势，人业匹配分析）

◆ 职业分析

（如××职业的工作内容、工作要求、发展前景，人岗匹配分析）

◆ 企业分析

（如××单位类型、企业文化、发展前景、发展阶段、产品服务、员工素质、工作氛围等，人企匹配分析）

◆ 地域分析

（如××工作城市的发展前景、文化特点、气候水土、人际关系等，人城匹配分析）

职业分析小结：

三、职业定位

综合第一部分（自我分析）及第二部分（职业分析）的主要内容得出本人职业定位的SWOT分析：

内部环境因素	优势因素（S）	弱势因素（W）
外部环境因素	机会因素（O）	威胁因素（T）

结论：

职业目标	将来从事（××行业的）××职业
职业发展策略	举例：进入××类型的组织（到××地区发展）
职业发展路径	举例：走专家路线（管理路线等）
具体路径	举例：××员——初级××——中级××——高级××

四、计划实施

计划实施一览表。

计划名称	时间跨度	总目标	分目标	计划内容（参考）	策略和措施（参考）	备注
短期计划（大学计划）	20××年～20××年	如大学毕业时要达到……	如大一要达到……大二要达到……或在××方面要达到……	如专业学习、职业技能培养、职业素质提升、职业实践计划等	如大一以适应大学生活为主，大二以专业学习和掌握职业技能为主……或为了实现××目标，我要……	大学生职业规划的重点
中期计划（毕业后五年计划）	20××年～20××年	如毕业后第五年时要达到……	如毕业后第一年要第二年要……或在××方面要达到……	如职场适应、三脉积累（知脉、人脉、钱脉）、岗位转换及升迁等	省略	大学生职业规划的重点
长期计划（毕业后十年或以上计划）	20××年～20××年	如退休时要达到……	如毕业后第十年要第二十年要……	如事业发展，工作、生活关系，健康，心灵成长，子女教育，慈善等	省略	方向性规划

详细执行计划如下：

本人现正就读大学（研究生）×年级，我的大学计划是……

五、评估调整

职业生涯规划是一个动态的过程，必须根据实施结果的情况以及因应变化进行及时的评估与修正。

1. 评估的内容

■ 职业目标评估（是否需要重新选择职业？）假如一直……那么我将……

■ 职业路径评估（是否需要调整发展方向？）当出现……的时候，我就……

■ 实施策略评估（是否需要改变行动策略？）如果……我就……

■ 其他因素评估（身体、家庭、经济状况以及机遇、意外情况的及时评估）

2. 评估的时间

一般情况下，我定期（半年或一年）评估规划；

当出现特殊情况时，我会随时评估并进行相应的调整。

3. 规划调整的原则

结束语

____

____

____

参赛作品设计与撰写要求（包含但不限于以下内容）：

职业生涯规划简而言之就是：知己、知彼，合理选择职业目标和路径，并用高效行动去实现职业目标。

1. 客观认识自我，准确职业定位（知己）

根据《大学生职业生涯规划测评》报告以及其他评估方法，客观分析自己的职业兴趣、职业能力、行为风格、职业价值观、个性特征等，了解自己喜欢干什么？能够干什么？适合干什么？最看重什么？人与岗是否匹配？作为设定职业生涯目标和策略的基础，做出准确的职业定位。

2. 评估职业机会（知彼）

通过多种途径，尽可能获取目标行业、目标职业、目标企业（用人单位）的相关资讯，结合自己的专业情况、就业机会、职业选择、家庭环境、社会需求等因素，理性评估职业机会，以此作为设定自己职业目标的基础。

参赛学生需要考虑：我想哪一条路线发展？我能够往哪一条路线发展？我可以从哪一条路线发展？并在实践过程中不断优化职业目标。

3. 择优选择职业目标和路径

在知己、知彼的基础上，选择最合适自己的职业目标，并确定相应的职业发展路径。

4. 制定行动计划和策略，终生学习，高效行动

围绕职业目标的实现，制定具有针对性、明确性与可行性的行动计划，特别是要详尽制定好大学期间和毕业后五年内的实施计划。在制定计划时要注意区分轻重缓急，在行动计划和策略制定完成后，要采取高效的行动，学会时间管理和应对干扰。

5. 与时俱进，灵活调整

根据自我发展、社会变迁以及其他不可预测的因素，主动适应各种变化，及时评估，灵活调整，不断修正、优化自己的职业生涯规划。

实践活动

根据所学知识和自身情况，制定你的职业生涯规划，并分小组讨论。

第六章 实施职业规划 实现心中理想

核心提示

有了职业生涯规划，仅仅是迈出了职业发展的第一步。职业生涯规划与实施是一个持续一生的过程，人生的每个阶段都有应完成的特定发展任务。规划执行与否，执行得好与坏，都由我们自己决定。要想获得职业的发展和事业的成功，必须养成良好的职业素质和职业习惯，拒绝拖延，学会自我管理。

名人名言

只有投入，思想才能燃烧。一旦开始，完成在即。

——歌德

从校园跨入社会的过程，是个体职业生涯发展的关键阶段，许多关乎未来发展的重大抉择，例如学业发展、职业选择、人生价值定位等，都在此阶段做出选择；之后便在职业生涯道路上勇敢尝试、思考生命、发展潜能并不断靠近心中的理想。职业发展初期是实施职业生涯规划的起始阶段，如果适应得好，则可以帮助个人顺利进入下一阶段的发展；否则，会让人产生压力、焦虑、挫败等，影响下一阶段的发展。只有把握好职业初期这个特殊的时期，才能取得个人职业发展的良好开端，并不断适应以后的职业发展。

第一节　启动职业生涯规划

职业生涯规划制定后，就应该付诸积极的实践。职业生涯规划做得再优秀，如果不能得到很好执行，就是一纸空谈。没有行动，职业目标只能是一种梦想。职业生涯规划进入实施阶段后，主要体现个体自我的执行力，围绕职业生涯规划所确定的目标，应制定具有针对性、明确性与可行性的行动计划并付诸实施。

一、职业生涯规划行动方案必不可少

职业生涯规划行动方案就是实现职业生涯目标的方案，要有比较具体的行为措施来进行保证。行动方案可采用计划表格的形式来进行呈现，通过目标分解的方法，来确定分阶段的达成目标以及目标实现所需要的各项准备、具体实施计划等。同时，整个职业生涯规划要在实施过程中去检验，根据实施效果，及时诊断生涯规划各个环节出现的问题，找出相应对策，对规划进行调整与完善。表 6—1 可以作为参照。

表 6—1　职业生涯规划行动计划表

发展阶段	起止时间	职业发展阶段目标	达成目标的关键条件（含知识、技能、资金、人脉等）	具体实施计划	已经做了或将要做哪些事情来支持目标达成

职业生涯规划行动方案是职业生涯规划的具体化，是确保生涯目标得以实现的保障途径。在制定行动方案时应注意以下事项：

（1）制定行动方案和计划时要注意区分轻重缓急，学会时间管理和应对各种干扰因素。

（2）制定行动方案和计划时应考虑必要的督促和监督机制。

（3）学业进步、岗位晋升和家庭计划都是职业生涯规划得以实现的重要组成部分，不可偏废。

二、克服拖延、立即行动

个体的职业生涯虽然离不开环境，离不开他人，但整个生涯发展的过程还是取决于个人的选择与努力。在职业生涯规划计划的执行过程中，有些人并不能按照计划采取行动，而是习惯于“拖延”，能拖多久就多久。表面上看，拖延也许只是一种坏习惯，但是长期的拖延则会影响到人的情绪状态，职业中的拖延习惯会直接影响到既定目标的实现，严重的还会让人产生强烈的自责情绪和负罪感，甚至产生不断的自我否定、自我贬低等不良心理状态，从而影响到职业目标的实现。

职业生涯规划承载了每个人的人生理想，只有排除一切外界干扰，马上行动，现在就做，目标才能逐步地实现。在职业发展的道路上，我们时刻需要用“拒绝拖延，立即行动”来警醒自己不要陷入拖延的恶性循环。巴金森（C. Noarthcote Parkinson）在其所著《巴金森法则》中写下这样一段话：“你有多少时间完成工作，工作就会自动变成需要那么多时间。”意即同样一项工作，如果有一天的时间就可能花一整天的时间完成，而如果只有一小时的话，也可能会在一小时内迅速有效地完成。这不是任务多寡与时间多少的关系，而是取决于自己有没有严格规定完成的时间。

案例研究

拖延的代价

小李刚毕业不久，在一家设计公司负责图纸设计工作。他工作技能过硬，反应敏捷，但是就是有点拖拉的习惯，并有一套自己的“拖延哲学”，他认为工作放一放，可以逼着自己在最后关头提高工作效率。

有一次，经理交给他一个任务，要求他在三天内交出设计图纸。工作任务并不复杂，他完全可以在一天内完成，但是在他的“拖延哲学”的影响下，前两天他都若无其事，迟迟没有动手。结果第三天，当他准备加速的时候，领导要求他参加另外一个重要的培训活动，结果，他没能按时完成任务，也因此给经理留下了“不靠谱”的印象。在以后的工作中，又因为办事拖拉影响了好几件重要的工作。组织进行职位晋升考察的时候，人事部门征求部门经理的意见，经理摇着头无奈地说：“小李啥都好，就是办事拖拉的毛病不好。部门员工都认为他办事散漫拖拉，靠不住。”

煞费苦心制定的职业生涯蓝图，永远不可能自动地变成现实。只有用最积极的行动来代替那些只想不做的幻想和理想，才能使规划、计划、目标具有现实意义。所以，无论是在工作还是在生活中，大事还是小事，凡是应该立即去做的事情，就应该立即行动，绝不能拖延。一个成功的人总是立即采取行动，从不拖延。

三、为职业生涯做好受雇能力的准备

受雇能力，就是被雇主欣赏而愿意雇用的能力，包括专业知识、职业技能、职业素质等方面。一个人的受雇能力越高，其职业生涯发展的潜力就越大，在就业市场上就越抢手，职业选择的空间也就越宽广。

以下是专业人员经过广泛调查所得出的排前五位的终身受雇能力。

1. 敬业的工作态度

在众多企业老板和人力资源专家眼中，人格特质的重要性远高于专业技能和工作经验。许多成功的企业家十分看重个人的工作态度，以及个人的价值观是否与团队价值观相吻合。工作责任感、吃苦耐劳的精神和热情敬业的工作态度职场制胜的最重要的武器。

2. 优异的学习能力与学习态度

虽然不少的机构和学者都认为学习成绩不是求职成功的第一要素，但是也都没有否认学习成绩的重要性。学习成绩的好坏，至少反映了个人的学习能力与学习态度。现在企业也更重视员工接受新知识的能力、终身学习的能力，以及在本职岗位上兢兢业业学习的态度。

3. 专业技能与专业资格

学校教育教给学生的只是基础性的专业知识与技能，很多业内的专门化的知识和技能需要入行以后才能学到。从大学阶段开始专业技能的学习和积累，拥有开放的心胸和积极的求知欲，才能成为跨领域专业人才。同时，专业资格证书对一些有资格准入要求的行业来说，就是通行证。

4. 团队合作能力和协同意识

团队合作能力是许多企业经理人重视的员工素质。团队合作能力，不单指在同部门内能融洽合作，还包含在跨部门合作项目中的协同意识。善于跨部门沟通和协同合作的人才，才是组织需要的人才。

5. 出众的软技能

软技能（soft skill），包括人际沟通、理解、协调、表达、创意、危机处理能力等非专业技术能力。如果从学生时代起就能积极参加社团和公共事务，对于培养自己的软技能是非常有帮助的。

第二节　职业初期的适应

初入职场的一到三年左右的时间属于职业探索期，职业探索期的主要任务是通过尝试不同的职业，重新认识和评价自己及职业环境，修订最初的职业定位，进行职业再定位，使自己的职业偏好具体化、特定化，最终完成职业定位。

很多人在这个时期内都要尝试不同的职业，也正是由于可尝试的机会太多，可选择的范围太广，反而使很多人变得更加迷茫，觉得无从选择。很显然，这个阶段越短越好，越短越有利于自己的职业成功。可事实上，在我国，这个阶段的平均用时是8.6年，相当于我们整个职业生涯周期的四分之一左右。

一、以良好的心态迎接第一份工作

第一份工作，是接触社会的开始，它考验着每个人的能力、耐力和适应力，需要以良好的心态来不断地呵护和适应。第一份工作，无论是否与专业相关，是否符合自己的兴趣，都应尽最大的努力把它做好。事实上，影响人生职业规划的最重要因素并不是第一份工作是什么，而是做第一份工作时的心态和状态。

在当前社会就业压力比较严峻的现实面前，虽然学校和教师在指导学生选择第一份工作时已经不再局限于专业对口、兴趣对口，但是第一份工作对整个职业生涯的重要性还是不言而喻的。在选择第一份工作的时候，应综合考虑以下几个问题。

1. 兴趣是否要败给现实？

不少人在选择第一份工作的时候过于草率，因为目标不明确所以选择了自己既不喜欢也不擅长的职业，因为缺乏调查和了解选了自己根本不了解的行业或岗位，因为紧张就业而放弃了个人的兴趣和追求。如此个人的职业生涯也必将经历更多的波折。在选择第一份工作的时候，选择自己感兴趣且擅长的工作较为重要，如果完全没有兴趣，那么工作动力与积极性、工作的效率都将大打折扣。如能在工作过程中，全身心地投入其中，并按照自己预定的方向前进，便能享受到工作带来的愉悦感。虽然当前社会的就业压力严峻，但是若仅从实现就业的角度来考虑个人的第一份工作选择，显然是不理性的。每个人在就业前应梳理个人的特长，即便是特长表现得并不明显，也应充分地挖掘个人的优势。在做第一份工作的决策时，应将个人的专业、兴趣和优势结合起来，这样才能目标明确、有的放矢。

2. 跳槽是美丽的橄榄枝，还是职场的陷阱？

第一份工作需要更加科学的评估。一旦确定了职业意向，也接受了第一份工作，就应以良好的状态投入其中，但这并不意味着职业选择暂时就安稳了，相反应该更加冷静、深入地评估第一份工作是否适合自己。如果第一份工作除了能解决个人的生存问题，别无其他益处，则应该果断地跳槽。现代社会中，很多职业生涯里的“质变”，都是开始于一次成功的跳槽。如果我们发现工作已经不再适应，或者说这份工作给我们发挥的空间越来越小，甚至有可能制约自身发展的时候，我们应该果断地寻找更好的舞台，这是每个人都会遇到的，也会考虑的。但是“跳槽”是需要付出成本的，其他更复杂的因素不谈，时间首先是无价的，更何况是积累职业经验最重要的青春岁月。初入社会者要有抗挫能力，频繁地更换工作不仅对职业经验积累很有损害，也容易给人带来挫败感，不利于身心健康。

3. 第一份工作什么最重要？

不少成功人士在谈到“第一份工作”时，经常会提到的一种说法就是“只问耕耘不问收获”，意思是说，第一份最重要的不是工作环境、不是工资收入，也不是岗位能否晋升，而是在这一份工作中，能否得到学习和发展的机会。一个好的组织中，先进的工作方式、和谐的人际氛围、独特的组织文化，都是个人学习和成长的土壤。

资料链接

选择第一份工作的标准是什么？

关于如何选择第一份工作，李开复先生对年轻人有以下 8 点建议：

1. 这个工作应当能帮助自己继续学习。那些可以提供良好的培训环境，不把员工当做赚钱机器的公司，以及那些拥有好的老板，或拥有值得学习的企业文化的公司是寻找第一份工作时的首选。

2. 这个工作可以让自己在五年后有最好的发展机会。找一个可以学到很多新东西的职位，找一个可以教你很多东西的老板，找一个在五年后有发展潜力的公司，这比表面上的“薪资”多少重要得多。

3. 如果知道自己的兴趣和理想，那就去找最符合自己兴趣和理想的工作；如果不知道，那就找一个能帮助自己发现兴趣和理想的工作。

4. 多尝试很好，但是其实应该在读大学时就通过实习来尝试。

5. 做喜欢的行业和工作很重要，但是与其“全部都从事一边”，应该做很多的咨询(例如在网上找资料，问朋友和师兄师姐，实习工作，甚至到公司门口去问)。

6. 有些公司里面有很多公司内部的尝试机会，不一定要换公司。

7. 第一份工作确实很重要，但是不代表你要做一辈子。在21世纪，平均起来，一生换四五次工作应该是正常的。

8. 找工作应该综合考虑条件、天赋、兴趣、学习。第一份工作最重要的是学习，因为学校给你的训练不能够让你马上在工作中上路。你应该找一个公司，它不是要压榨你的劳力，希望你马上给它赚钱，而是有足够的培训、学习、成长的空间。但是，同样地，你也不能期望公司只是培养你，给你学习的机会，你的大部分时间还是要做一个入门的工作，从基层做起，把分内的工作做好。

资料链接

企业家教你如何面对第一份工作?

如何对待第一份工作，听一听企业家们的建议。

1. 马云：第一份工作请干满5年，这个世界不缺机会

马云曾对杭州师范大学阿里巴巴商学院的毕业生说，你的第一份工作，绝大部分不会是你最后一份工作。但第一份工作的坚持，比后面工作的坚持更为重要。不论你考研、出国、创业，不管什么工作，记住，短暂的时间内，向身边的每一个人好好地学。做的时候不要想离开，有一天等机会来了，再选择下一个机会。这个世界不缺机会。

2. 俞敏洪：做第一份工作时要有“只顾耕耘不求收获”的心态

你面对第一份工作时，就不要去想成败，而是应该去想我怎么样全力以赴地把这份工作做好。你全力以赴以后做成功了，那表明你做这件事情是合适的。如果说全力以赴以后依然做失败了，也很正常，因为你没有工作经验，也许这份工作不适合你做。只顾耕耘不求收获，是做第一份工作时最重要的心态。

3. 李彦宏：独立思考，明白自己适合干什么

李彦宏曾对北航学子说，“大学最重要的是独立思考，我回国创业是因为我看到了中国的机会。”“我相信那时的中国需要搜索技术，中国的网民也应该像美国人一样便捷地、平等地找到网上的信息，我能够帮助他们做得更好，所以我回来了，当你心中有理想时，

那些艰苦条件都变得不重要。”

李彦宏的第一份实习工作是在松下，在松下实习时，李彦宏发现，工业界搞研究和在学校搞研究不同，工业界研究的是实用的东西，学校研究的是宏观的、基础性东西。在实习工作中李彦宏逐渐感到，他的兴趣不在学术研究上，而在做实用的产品上。这也让李彦宏第一次开始思考：自己适合干什么。

二、入职初期的职业适应

1. 职业适应性

职业适应性是指一个人从事某项工作时必须具备的生理、心理素质特征。它是在先天因素和后天环境相互作用的基础上形成和发展起来的。职业适应分为一般性职业适应性和特殊职业适应性两种，一般职业适应性指从事一般职业所需的基本生理、心理素质特征；特殊职业适应性指从事某一特定职业所需具备的特殊生理、心理器质特征。职业适应性包括很多内容，但由于具体的行业背景不同，可能会有不同的强调要点，不同的职业可能会因为其特殊要求对工作效率、最低能力、专业特性、个人背景与经历等内容有不同的倾向性。

一般来说，组织也会通过一定的方式来识别入职者是否适应所选择的岗位。首先，组织会科学选择与合理使用称职作业者。根据不同的职业特点，组织会确定评价标准及指标，对求职者进行测定，评价其职业适应性等级。对于已上岗的作业人员组织会定期进行测试和评价，建立职业适应性的动态管理。一个负责任的组织，其人事管理部门应指导员工选择适合自己特性和条件的职业、职务，对求职者的生理、心理属性进行综合测试、评价，对照不同职业或工种的要求，分析被试者适合于何种职业，从而在组织中实现个人和组织协调发展的目标。

2. 以良好的心态适应职业初期的要求

无论从事何种职业，都必须具备良好的心理素质。每个人都必须具备职业所需的基本智力性和非智力性心理素质；还必须具备一些通用的职业心理素质，例如面对竞争的自信力、经受挫折的耐受力、不断进取的意志力、行为抉择的控制力、环境变化的适应力等。每一种职业对人们的知识结构、身体素质、心理素质的要求都是不一样的。尤其在职业初期的适应阶段，从业人员是否具有与其职业相符的心理素质，能否适应该种职业的心理要求，都将直接影响到未来的工作效果。

第一，目标要坚定。进入组织后，职场新人面临复杂变化的职业环境，一定要坚定自己的职业目标和追求，时刻清楚自己现在正在做的事情处于个人职业目标链的位置。只有专注于某项职业活动，才能渐渐体味其中的甘苦，慢慢总结出游刃于其中的技巧；才能与该职业群体人融洽相处；才能在变化的环境中动态地适应，成长进步。

第二，工作态度要端正。适应不同的职业环境和岗位工作的要求，要做到端正工作态度，遵守和熟悉该工作的角色规范，如纪律、道德、技术规范等；迅速掌握工作技能，提高工作效率；积极参加职业培训，虚心求教于师傅和同事。

第三，善于自我管理。自我管理能力是职业心理素质水平的综合体现。一个成熟的从业者，都是具有较强独立性的个体，都必须具备自我管理能力，而职业态度、职业心智和职业情商，都会在自我管理过程中得以自然展现。

第四，学会自我调适。职业发展初期遇到挫折和打击都是在所难免的，要关注个人的心态变化，正视职业初期出现的心理问题。发现问题后，要懂得合理宣泄和调适。初入职者，最常见的有焦虑、自卑、紧张、自我否定、人际交往恐惧等心理问题。

资料链接

企业家对初入职场人士的忠告

柳传志：你是鸵鸟，小鸡才会心服

柳传志曾经对杨元庆说过这么一段话，“你知道我的‘大鸡’和‘小鸡’的理论。你真的只有把自己锻炼成火鸡那么大，小鸡才肯承认你比它大。当你真像鸵鸟那么大时，小鸡才会心服。只有赢得这种‘心服’，才具备了在同代人中做核心的条件。”

任正非：新员工要做好本职工作，不要把精力放在构思“宏伟蓝图”上

华为一新员工，刚到华为时，就公司的经营战略问题，写了一封“万言书”给任正非，任正非批复：“此人如果有精神病，建议送医院治疗；如果没病，建议辞退。”

“小改进，大奖励；大建议，只鼓励”。新员工最重要的还是要做好本职工作，不要把主要精力放在构思“宏伟蓝图”、做“天下大事”上面。作为一名新员工，对企业没有任何的理解，怎么可能提出合乎实际的建议？

第三节　职业生涯调整

社会处于快捷的变革之中，个体要积极应对职业环境的变化，在此过程中，有时会显得比较被动，遇到挫折也是在所难免的。在个人职业发展遇到挫折时，会不会被打垮，能不能承受职业挫折的考验，是个体保持职业健康发展的一个关键因素。

一、职业挫折

职业挫折是指人们在职业活动和个人职业生涯发展过程中，由于遇到了障碍而导致需求不能满足、行动不能开展、目标不能实现的失落性情绪状态。职业挫折具体表现为以下几种。

1. 努力谋求某种职业而屡屡被拒

因为个人兴趣、专业、择业价值观等方面的差异，部分人在进行职业决策时会对某种职业表现出相对的执著，不达目的不罢休，但是却会面临屡屡遇挫的尴尬。

2. 想要获得职位的晋升却不能如愿

在工作中获得职务晋升是很多人的追求，但是不少人长期在一个岗位默默耕耘却不能

被提升，原因却各不相同，个人性格、人际关系、上级认可、工作业绩等因素都可能成为阻碍个人职位晋升的原因。

3. 想发挥个人的才能却没有机会

职业成功的标准于每个人而言并不尽相同，在职场中能发挥个人的才能是个人价值得以实现的重要途径，很多人却苦于得不到发挥个人才能的平台和机会。

4. 付出了巨大的努力却无法满足职业的要求

社会和职业世界是动态变化的，个人从进入职业世界的第一天开始便进入在“工作中学习”的状态，然而由于每个人的学习能力差异、学习效果差异，不少人尽管付出了巨大的努力仍然无法满足职业的要求。

案例分析

如何应对职业挫折?

学历受到质疑

丽娜高中毕业后就开始了打工生涯，在工作之余她坚持上夜校，选择了一所成人大专院校继续学习，专业是涉外秘书。经过三年艰苦努力，终于拿到了毕业证。于是丽娜开始了寻找新的工作的历程，由于是成人教育学历，很多单位并不给予承认，最后通过亲人介绍进入了一家台资企业，从事手机配件生产的流水线作业。但是丽娜对这份工作并没有认同感，个人也觉得很委屈。

自考本科，但是专业又无用武之地

在流水线工作的三年时间里，丽娜并没有放弃自己的理想，她又参加了自学考试英语专业的学习，之后通过朋友的介绍进入了一家通讯运营公司，在客户服务部从事售后服务的工作，直接面对用户的投诉电话。虽然这份工作相对于流水生产线工作好一点，但是对于丽娜所学的英语专业来说，她又觉得自己还是没什么发展前途，辛辛苦苦学了这么多年的专业可能面临荒废。

岗位晋升，但是能力有限

丽娜性格开朗，喜欢与人沟通、打交道，加上工作认真负责，勤勤恳恳，今年 4 月丽娜被部门经理点名提拔为经理助理。从基层的一个办公室行政文员转为经理助理，丽娜虽然很珍惜也很喜欢这个岗位，但是总觉得自己的能力还是有限，在写作、沟通和处理事务的方式方法上都有不少欠缺，也很苦恼不知如何发挥个人的优势。

请问，对于丽娜所遇到的职业发展困境，你有何建议给她?

二、无效的职业生涯行为

1. 无效的职业生涯规划

职业生涯规划的实现过程说到底就是对个人职业生涯目标的管理和实现过程。任何无法量化及不设定完成时限的目标都是无效目标，而任何无效的目标都没有实际可操作的方法。不少人的职业生涯规划实际是无效的，比如分不清美好愿望与目标的区别，没有将大目标分解成小目标，没有设定可量化的目标体系，没有为目标设定完成的时限等。

2. 走不出职业生涯迷思

还有的人在职业生涯探索与决策的实践中，常常沉迷于一些想法之中不能自拔。这些似是而非的思考，就是所谓的“职业生涯迷思”，比如“只有一种职业适合我”、“我必须非常成功或成为专家”、“我的工作须能满足我所有的需求”、“转换工作只能走向失败”等。职业生涯迷思是个人职业选择与发展的阻碍。大学生必须克服这些错误的思维逻辑和思考模式，打破这些不合理的职业生涯迷思，寻求正确的理念体系和方法体系，用积极的思想、态度和行动，使自己逐步走向美丽的人生。

3. 将内、外职业生涯的发展割裂或对立

内职业生涯是指从事一项职业时所具备的知识、观念、心理素质、能力、内心感受等因素的组合及其变化过程；外职业生涯是指从事职业时的工作单位、工作地点、工作内容、工作职务、工作环境、工资待遇等因素的组合及其变化过程。内职业生涯发展是外职业生涯发展的前提，内职业生涯带动外职业生涯的发展。二者之间不能割裂，更不是对立矛盾的关系，个人应将追求内、外职业生涯“双发展”作为个人职业成功的重要标准。

4. 陷入“彼得原理”的怪圈

美国学者劳伦斯·彼得在对组织中人员晋升的相关现象研究后得出一个结论：在各种组织中，由于习惯于对在某个等级上称职的人员进行晋升提拔，因而员工总是趋向于被晋升到其不称职的地位。这种现象在职场中无处不在，比如一名称职的教授被提升为大学校长后无法胜任，一个优秀的运动员被提升为主管体育的官员后无所作为。对个人而言，虽然每个人都期待着晋升，但不要将“往上爬”作为自己的唯一动力。与其在一个无法完全胜任的岗位勉力支撑、无所适从，还不如找一个自己能游刃有余的岗位好好发挥自己的专长。

三、从生涯规划到生涯管理

现代社会中，许多人的职业生涯面临着再次选择的挑战，或多或少会有职业再选择的经历。个体在职业生命周期（从进入劳动力市场到退出劳动力市场）的全程中，对职业发展计划、职业策略、职业进入、职业变动和职业位置等系列变量的管理过程，即个人的职业生涯管理。自我职业生涯管理，以实现个人发展的成就最大化为目的，通过对个人兴趣、能力和个人发展目标的有效管理实现个人的发展愿望。自我职业生涯管理不仅对于组织保持员工的竞争力十分重要；对于个人来说，更加关系到个人的生存质量和发展机会。

自我职业生涯管理对于增强对工作环境的把握能力和对工作困难的控制能力十分重要。职业计划和职业管理既能使个体及时了解自身长处和短处，养成对环境和工作目标进行分析的习惯，又可以促进工作中实现合理计划、合理分配时间和精力、有效完成任务和提高技能等目标。

自我职业生涯管理有利于个体正确对待职业与生活，处理好职业生活和生活其他部分的关系。良好的职业管理可以帮助个人从更高的角度看待工作中的各种问题和选择，使职业生活更加充实和富有成效。它更能考虑职业生活同个人追求、家庭目标等其他生活目标的平衡。

对于大多数人而言，工作初期的目标可能更多的是就业、自立或者养家等简单的需要，但是随着时间的推移、个人的成长和经验的积累，职业的追求开始转向财富、地位、名望、职业理想等。在对个人职业生涯规划进行管理的过程中，对职业目标的多次提炼可以使工作的目的超越财富与地位，激励人们去追求更高层次自我价值实现的成功。

参考文献

［1］杰弗里·H·格林豪斯．职业生涯管理［M］．北京：清华大学出版社，2006.

［2］林泽炎，李春苗．员工职业生涯设计与管理［M］．广州：广东经济出版社，2003.

［3］杜映梅．职业生涯管理［M］．北京：中国发展出版社，2011.

［4］钟谷兰，杨开．大学生职业生涯发展与规划［M］．上海：华东师范大学出版社，2012.

［5］Reardon 等．职业生涯发展与规划［M］．北京：高等教育出版社，2008.

［6］别业舫等．择业与创业［M］．北京：北京大学出版社，2005.

［7］孙宗虎．职业生涯管理实务手册［M］．北京：人民邮电出版社，2012.

［8］尚致胜．生涯规划［M］．北京：北京大学出版社，2005.

［9］樊琪．职业心理咨询［M］．上海：上海教育出版社，2013.

［10］程良越，谢珊．大学生职业生涯发展［M］．广州：广东高等教育出版社，2011.

［11］斯蒂芬·库姆博．成功人士职业生涯完全手册［M］．广州：广东经济出版社，2003.

［12］章明明．大学生心理发展与教育［M］．广州：暨南大学出版社，2005.

［13］王美林，唐帅．大学生职业发展与就业指导［M］．南京：南京师范大学出版社，2012.

［14］茶金学等．大学生职业发展与就业指导［M］．北京：北京理工大学出版社，2013.

［15］李菁华．大学生职业生涯规划［M］．北京：对外经济贸易大学出版社，2013.

［16］张平，张彦忠．职业指导与训练（职业生涯—我做主）［M］．广州：中山大学出版社，2007.

图书在版编目（CIP）数据

大学生职业生涯发展与规划/张彦忠主编. —北京：中国人民大学出版社，2015.7
ISBN 978-7-300-21586-0

Ⅰ.①大…　Ⅱ.①张…　Ⅲ.①大学生-职业选择　Ⅳ.①G647.38

中国版本图书馆 CIP 数据核字（2015）第 152662 号

21 世纪通识教育系列教材

大学生职业生涯发展与规划

张彦忠　主编

Daxuesheng Zhiye Shengya Fazhan yu Guihua

出版发行	中国人民大学出版社		
社　　址	北京中关村大街 31 号	**邮政编码**	100080
电　　话	010－62511242（总编室）		010－62511770（质管部）
	010－82501766（邮购部）		010－62514148（门市部）
	010－62515195（发行公司）		010－62515275（盗版举报）
网　　址	http://www.crup.com.cn		
经　　销	新华书店		
印　　刷	固安县铭成印刷有限公司		
规　　格	185 mm×260 mm　16 开本	**版　　次**	2015 年 8 月第 1 版
印　　张	10.5	**印　　次**	2021 年 12 月第 9 次印刷
字　　数	240 000	**定　　价**	26.00 元
